इस बार ठहर जाना तुम

पूर्णा

ShivRang

Title: Is bar thehar jaana tum
ISBN: 9788196148812
Author : Purna

प्रकाशक
शिवरंग
(An imprint of Avarang Books)
बी-347, संजय विहार,
मेरठ रोड, हापुड़-245101 (उ0प्र0)
Email: avarangbooks@gmail.com
प्रथम संस्करण : नवम्बर 2024
मूल्य : ₹ 200 /-

Print & Published by:
Avarang Books, Hapur

इन कविताओं में मैंने लिखा है
प्रेम
उम्मीद
बेचैनी
सुकून
संवरना
बिखरना
छूटना
मिलना
बसंत
पतझड़
और भावनाएँ व्यक्त करने जैसा बहुत कुछ
और कुछ भी क्रम में नहीं लिखा
और अंत में लिखी हैं कुछ चिट्ठियाँ, तुम्हारे लिए...

वो तमाम लोग जो बस चलते चले जा रहे हैं
जिन्हें लगता है कि
उन्हें कोई आवाज़ लगाता तो वो ठहर जाते
उनके लिए...

मेरी बात

मैं पिछले दो सालों से ये कविताएँ लिख रही हूँ लेकिन कविताएँ हैं कि पूरी ही नहीं हो रही वो कविता मिल ही नहीं रही जिससे किताब पूरी हो सके। मैंने कई डायरियाँ भर दीं, कई पैन ख़ाली कर दिए, पुरानी कविताओं को कई बार पढ़ लिया पर हर बार यही लगता रहा कुछ कम है, कुछ है जो खोया हुआ है, पर आस पास है।

मैंने बीच बीच में कुछ बेनाम चिट्ठियाँ लिखीं और पुराने गाने गुनगुनाए। सारी चिट्ठियों के जवाब तो वापस नहीं आए पर कई चिट्ठियों को उनकी मंज़िल मिल गई और हर बार मैंने सोचा कि इन चिट्ठियों को मैं अपनी किताब में शामिल करूँगी।

इन कविताओं को लिखते हुए मैंने तुम्हें लिखा, ख़ुद को लिखा, आस पास हो जो रहा था वो लिखा, जो महसूस किया वो लिखा और जो छूट गया वो भी लिखा, हर छूटा हुआ क़िस्सा, हर अधूरी कविता हर आधी कहानी मेरे इर्द गिर्द घूमती रही।

कोई भी कविता मैंने ये सोचकर कभी नहीं लिखी कि यह सिर्फ़ मेरी कविता है या किसी एक की कविता है। मुझे हमेशा यही लगा, जब भी लिखा, कि जो भी इन्हें पढ़ेगा, सुनेगा, महसूस करेगा, इन कविताओं से जुड़ सकेगा, स्वयं को इसमें ढूँढ रहा है; ये उनकी हैं। मेरे हिसाब से, कोई भी कविता न तो किसी व्यक्ति विशेष की होती है न किसी समय की। मैं जब कभी पिछले दशक की पिछली सदी की कविताएँ पढ़ती हूँ; लगता है मैंने ही लिखी हैं और अभी हाल ही में लिखी हैं।

इन दो सालों में मैंने इन कविताओं को जोड़ने की भरसक कोशिश की। अच्छे बुरे सभी दिनों में जब न डायरी मिल रही थी न क़लम और न कविताएँ, मेरे ज़हन में यही चलता रहा कि अब नई शुरुआत करनी है, अब कुछ अधूरा पूरा करना है। यूँ तो इतना कुछ अधूरा छोड़ चुकी हूँ जिसे ताउम्र पूरा नहीं किया जा सकेगा पर हाँ इस किताब को पूरा किया जा सकता है।

अंततः मैंने वापस पुराने पन्नों में लौटकर पुरानी कविताओं को जोड़कर एक कहानी लिखी है। इसमें दुख है, सुख है, वियोग है, संयोग है, साथ है, अकेलापन है, आशा है, निराशा है, जो कुछ भी मैं अपने इन दिनों के अनुभव से पिरो सकती थी, पिरो दिया।

कविताओं को किसी साँचे या क्रम में नहीं बाँधा है। कुछ एक को नदियों के किनारे बैठकर लिखा है, कुछ को बंद कमरे में, कुछ ट्रेन के डिब्बे से आयी हैं, कुछ पहाड़ों के पीछे से, सब आप से जुड़ने की कोशिश करेंगी। कुछ कविताएँ उनसे प्रेरित होकर लिखी हैं जो कविताएँ पढ़ते ही नहीं हैं कुछ उनके लिए जो इन्हें पढ़ना चाहते हैं।

मेरी कोशिश है कि मेरी कविताओं में आप कहीं न कहीं ख़ुद को ढूँढ लोगे, ख़ुद से मिल जाओगे, ख़ुद से मिल जाओ तो मुझे एक चिट्ठी ज़रूर लिखना और भेज देना उसी पुराने पते पर...

आपकी चिट्ठियों का इंतज़ार रहेगा

\- **पूर्णा**

प्रिय पूर्णा,

अपनी नई कविताएँ साझा करने के लिए धन्यवाद । ये कविताएँ पढ़ते हुए मुझे लगा कि बतौर काव्य साधक, तुम प्रौढ़ हो रही हो। प्रेम, विरह, वात्सल्य के साथ अब मुझे दर्शन दिख रहा है तुम्हारी कविताओं में। मैं कविता में विश्वास रखता हुआ जिया हूँ और मुझे कविता लिखने वालों की कहानियाँ आकर्षित करती हैं। मैं उम्मीद करता हूँ कि तुम्हारी कहानी में आगे भी कई यात्राएँ हों, गहरी मानवीय संवेदनाओं से तुम्हारा परिचय हो और जीवन जीने की चाह हो। इस नए संग्रह में दो कविताएँ मेरी पसंदीदा रहेंगी - "तुम्हारा मुरझाना निरर्थक नहीं हो सकता" और " हर टीस में जीवन है"।

तुम्हारी नई पुस्तक के लिए असीम शुभकामनाएँ और सीखते रहने की ललक की सलाह के साथ बहुत सारा स्नेह। ईश्वर तुम्हारी कविताओं को असंख्य लोगों तक पहुँचने का रास्ता दे।

सस्नेह
Gaurav Upadhyay
गौरव उपाध्याय

अनुक्रमणिका

देवदार **13**
व्योम **16**
प्यार में धोख़ा **18**
आ की मात्रा **19**
इस बार ठहर जाना तुम **20**
अंतिम क्षण **22**
बातें और शिकायतें **23**
सादगी नहीं आयेगी **24**
मैं कविता हो चली हूँ **25**
मैं तुम्हारी दोषी हूँ **26**
बातें **27**
ख़ुद की तलाश में **28**
हर टीस में जीवन है **29**
हमारा चुनाव **30**
प्रेम रहता है सदा के लिए **31**
चले भी आओ **32**
तुम्हारा मुरझाना निरर्थक नहीं हो सकता **33**
शून्य होने के कारण **34**
जाने देना सतत क्रिया है **35**
एक दिन सब शून्य होगा **36**
प्रेम में परिवर्तन निहित है **37**
तुम्हें सीखना होगा **38**
डियर ज़िंदगी **39**
मैं खो रही हूँ ख़ुद को **40**
कठोरता **41**
प्रेम पत्र **42**

कुछ ख़ूबसूरत लिखा **43**
मैंने अंततः प्रेम लिखना चाहा **44**
व्यर्थ है तुम्हारा लौटना **45**
प्रेम जीवन लाता है **47**
मैं रुकी हूँ तुम्हारे लिए **48**
उठो **50**
हम अब भी साथ होंगे **51**
चले आओ **52**
वही बाँटना जो चाहिए **53**
क़िस्मत, चाहत, मोहब्बत **54**
नफ़सा नफ़सी **55**
गुज़रा वक़्त **56**
व्यथा **57**
काल्पनिक कहानियों में प्रेम **58**
तुम कौन सी कहानी हो **59**
सिलवटें झूठी नहीं है **60**
हमारे दरमियाँ **62**
कितने सवाल हैं **63**
कितना मुश्किल है हिन्दी का प्रेम **65**
नब्ज़ **66**
तुम शनिवार बनकर लौटना **68**
कश्मीर (१) **69**
कश्मीर (२) **70**
इंतज़ार ख़त्म हो **72**
सहराओं का हाल **74**
प्रेम के मापदंड **75**
बातें **76**
तुम्हारे लौट आने का यक़ीन **79**

प्यार बाँटने को कोई नहीं है **81**
प्रेम की आस **82**
सारी कविताएँ तुम्हारे लिए हैं **83**
पनाह **84**
प्रेम विज्ञान को सार्थक करता है **85**
यादों के नाम एक ख़त **87**
प्रेम **89**
प्राकृतिक चक्र **90**
मेरी प्रिय कविताएँ **91**
पुराना वक़्त **92**
कशमकश में लिखना कितना मुश्किल है **93**
तो क्या होगा? **94**
उसी पुराने पते पर **95**
मैं पहाड़ हूँ **96**
घर **97**
कोशिशें नाकाम नहीं होतीं **98**
मैं मुरझाई तुम्हारे लिए **99**
ख़ुद को ढूँढने के लिए **100**
अपनी तलाश **101**
गणित के पूरक कोण **103**
इस बार ठहर जाना तुम **104**
तुम **108**
मैं **110**
हम तुम **112**
तुम : एक कल्पना **113**
मैं : एक लम्हा **115**
मानचित्र **117**
नींद का सौदा **118**

हम नफ़स 119
राज़दार 121
कविता का अभिप्राय 122
क्या कुछ भी बचाया जा सकता है? 123
क़ायदा 124
एक ख़्याल 125
प्रकृति सब लौटा देती है 126
अपनी सुनो 128
प्रकृति से सीखा प्रेम 129
कल्पना 130
क्या चाहिए प्रेम में 131
कितना मुश्किल है 132
स्वयं तक पहुँचना 133
कविताओं का खोना सामान्य नहीं 134
क्या तुम घर लौट सकते हो? 135
हमें तुम्हारी ज़रूरत है 137

देवदार

मुझे मालूम है
एक दिन खो जाएँगे हम
ना, एक दूसरे में नहीं
तुम खोना देवदार के घने जंगलों में
मुझे खोना होगा तुम्हारी तलाश में

बयाबान जंगलों से कोई वापस नहीं आता
तुम आना देवदार की कोंपल लेकर
मैं चुन लूँगी उसकी छाल
फिर किसी नदी के किनारे
तुम रुक कर करना इंतज़ार

जब इस बार ख़्वाब में घर बनाएँगे
तो उन कोंपलों से सजा लेंगे छत
उसकी भीनी महक
साँसों में घुलकर प्यार बिखेर देगी
और वो छाल जो चुन ली थी मैंने
उससे ख़त्म हो जाएँगे सारे दर्द

ख़्वाब टूट भी गया, तो घर बाक़ी रह जाएगा
घर बिखर भी गया तो ख़ुशबू रह जाएगी
ख़ुशबुओं में प्यार ज़िंदा रहेगा
मग़ार हम खो जाएँगे अलग अलग
ये प्रेम एक रहेगा कविताओं में।

व्योम

न जाने क्यूँ
ये कविताएँ इतनी चुप हैं
इनकी ख़ामोशी कितना शोर करती है
ये सब चुपचाप कैसे समेटे हुए हैं

दुःख है, सुख है,
प्रेम है, वियोग है,
चिंता भी है, उदासी भी
बेबस सी हैं कि बेहिसाब लिखी जा रही हैं

सब लिख दिया जाता है
अच्छा-बुरा, झूठा-सच्चा
बरसों से बस लिख रहे हैं
कुछ आँखों में ही कैद हैं लिखने वाले की
और कुछ को दुनिया जानती है

एक कविता दूसरी से कितना जल जाती होगी
एक को लिखता है हारा हुआ
एक को बुना गया है जीत की ख़ुशी से
कुछ तो सर माथे पर सजती होंगी
कुछ किसी के पाँव तले कुचल गई होंगी

एक बहती है आँखों से
एक अटकी है सीने में
एक है अभी ज़हन में किसी के

एक पन्नों पर उतारी जा चुकी है
और एक है जिसे बार बार लिखते है
बार बार मिटाते हैं
उसका अस्तित्व ही अनिश्चित है

कितना व्योम भरे बैठी है
कितने ग़ुमान में है
इसे क्या ख़बर इसकी कि
हम लिखते हैं तो अपने स्वार्थ के लिए
हमने भी कब सोचा कि कविता भी तो जीवित है।

प्यार में धोख़ा

मेरी कविताओं की किताब से
कुछ शब्द चुन कर तुम भी कविताएँ गढ़ना
जब भर जाए जी मुझसे और मेरी कविताओं से
तो तुम अपनी कविताएँ पढ़ना

तुम्हारी कविताओं में भी मेरी झलक आएगी
तुम छुपा नहीं पाओगे हमारा प्रेम
चाहो तो लिख देना या फिर पलकों से ढकना
अँधेरी रातों में दिये जलाना
और उन्हीं पन्नों को समेट लेना
जिनमें छुपाते फ़िरते हो हमारी कहानियाँ

कुछ शब्द तुमसे लिपटें तो लिपटने देना
स्याही तुमसे कुछ पूछे तो जवाब मत देना
कागज़ को मरोड़ कर फेंक देना
वो सारे किस्से कहानियाँ
हमारी कविताएँ
और ये उलझा हुआ प्रेम

फिर ओढ़ कर घूमना आज़ादी का तमगा
और कह देना लोगों से कि तुम्हें प्यार में धोख़ा मिला है।

आ की मात्रा

मात्राएँ जब ठहरेंगी तुम्हारे ललाट पर
बालों की एक लट
आ गिरेगी तुम्हारे दाहिने गाल पर
तुम उलझा लेना मुझे ख़ुद में
जैसे उलझाते हो उंगलियाँ अपनी लटों में
मैं चूम लूँगी तुम्हें,
तुम्हारी पीठ पर

मात्राओं को रोकना मत
शब्द बनाने की आज़ादी देना
मैं शब्द पिरो कर कहानियाँ गढ़ लूँगी
तुम आना बयार बन कर

आ की मात्रा मिले कहीं,
तो संग उड़ा लाना
एक एक लकीर से मिलकर जैसे बनती है हथेली
जैसे सिलवटों से बनता है ललाट
वैसे मात्राओं से बनेगा प्यार,
आ की मात्रा से।

इस बार ठहर जाना तुम

फिर उसी झील के किनारे मिलना
हाथ में वही चाय का कुल्हड़ पकड़े
हथेलियों में वही गर्माहट लिए
होठों पर दबी मुस्कान लेकर निकलना

सरसराती हवा जब मेरे गालों को छू कर निकले
तो उससे जलना तुम,
अपनी गर्म हथेलियों में रख कर चेहरा लाल कर देना
और मैं चूम कर तुम्हारे तपते होठों को
तुम्हारी दबी मुस्कान को बरी कर दूँगी
तुम प्यार का नया आयाम लिखना

बरसों हम क्यूँ नहीं मिले
आँखें तरसीं, रूह तड़पी, ज़ुबाँ लड़खड़ाई
साँसे रुकीं, कभी बेवजह बढ़ गईं
धड़कन तेज़ होकर धीमे धीमे चुप गई
मेरे सवालों के जवाब मत देना

तुम्हारे वो चार सफेद बाल जिनका ज़िक्र
मैंने पिछली कविताओं में किया था,
अब मेरे बालों में भी नज़र आएँगे
चार नहीं हैं,
तुम गिनने की कोशिश करना,
इसी बहाने करीब आकर मेरी गर्म साँसों में लिपटना

मैं वही गाना गुनगुना दूँगी,
“ये मुलाक़ात एक बहाना है,
प्यार का सिलसिला पुराना है...”

तुम गुनगुनाना,
“आपकी आँखों में कुछ महके हुए से राज़ हैं...”
फिर इतने सालों के फ़ासले मिटा
तुम मुझे बाहों में भर लेना
जैसे जैसे रात बढ़ेगी, पानी ठहर जाएगा,
इस बार तुम भी ठहर जाना...

अंतिम क्षण

टूटे हुए दो सिरों को जोड़ना
मन पर पड़े घावों को भरना
सूखी पड़ी आत्मा को तर करना
कविताओं के लिए बड़ा आसान है

शब्द अक्सर ज़ख़्म दे जाते हैं
या पुराने ज़ख़्मों को सी जाते हैं
भीतर की उथल पुथल
जीवन की व्यस्तता
चाहे जो हो
कविताएँ सब कर जाती हैं

तो मेरे अंत समय में
जब मेरा शरीर शिथिल हो जाए
नब्ज़ जैसे अभी थम जाए
मेरे जाने के ख़्याल से
चाहे तुम्हारा दिल कितना भी टूट जाए

तुम मुझे कविताएँ सुनाना
मेरी प्रिय कविताओं में
जीवन के हर रंग को ओढ़
हर किरदार से दोबारा मिल
तुम्हारे होने के इत्मिनां के साथ

मैं विदा लूँगी
जाते हुए तुम्हारी हथेलियाँ चूम लूँगी
तुम इन कविताओं में ज़िंदा रखना मुझे
इन कविताओं में मैं जीवित रहूँगी।

बातें और शिकायतें

यूँ तो इतनी बातें हैं तुमसे करने को
मग़ार जब तुम पूछ बैठते हो
अपनी हथेलियों में मेरे हाथ रख कर
जैसे सारी बातें तमाम हो जाती हैं
करनी तो होती हैं तुम्हीं से तुम्हारी ही हज़ारों शिकायतें
पर जब तुम बैठ जाते हो आकर मेरे सामने
तो जैसे कहने को कुछ रहता ही नहीं
वो बातें भी हो जाती हैं बिन कहे
वो शिकायतें भी छू हो जाती हैं
तो फिर तुम साथ ही क्यूँ नहीं रह लेते
मेरे पास ही क्यूँ नहीं रह जाते
क्यूँ चले जाते हो इतना दूर
कि बातें और शिकायतें सब रूठ जाती हैं।

सादगी नहीं आयेगी

प्रेम में टूट कर सादगी बाद में आती है
पहले सरलता आती है
फिर प्रेम आता है
प्रेम चला जाता है
सादगी रह जाती है
अगर तुम प्रेम में बनावटी रहे
तुम्हें प्रेम ने छुआ भी नहीं
तुम्हें लगता रहा ये प्रेम है
मगर ये भ्रम के सिवा कुछ नहीं

प्रेम
सरलता
सहजता
निजता
निस्वार्थ
निश्चल
निर्मल
सबसे मिलकर बना
फिर भी तुम प्रेम में सवाली रहे
तुमसे प्रेम गुज़रा ही नहीं

प्रेम आसान बना देता, अगर है
नहीं है, तो पृथ्वी घूमती रहेगी
सूरज छुपता रहेगा
नदियाँ बहती रहेंगी
बस यही फूल नहीं खिलेंगे
मुस्कुराहट कानों तक नहीं जायेगी
दुनिया बनावटी रह जायेगी

पर सादगी नहीं आयेगी...

मैं कविता हो चली हूँ

मैं कविता हो चली हूँ
क्योंकि तुम हर रोज़ मुझे लिखते हो
क्या करती अगर तुम कवि ना होते
अपनी भावनाओं को शब्दों में न पिरोते
तो अर्थहीन हो जाता मेरा होना

तुम्हारी कविताओं की कल्पना में
मैं विराम बन चली हूँ
जाने कैसे मैं कविता हो चली हूँ

तुम जब प्राकृतिक सौंदर्य लिखते हो
मैं अपने रूप बदलती हूँ
चिड़िया
गिलहरी
नदी मैं ही होती हूँ
मगर मुझे तुम्हारी प्रेयसी होना था

क्या होता अगर तुम प्रेम न लिखते
तो निष्फल हो जाता
मेरा तुमसे प्रेम करना
तुम्हारी गढ़ी/बुनी कविताओं से मैं पूरी हो चली हूँ
मैं कविता हो चली हूँ।

मैं तुम्हारी दोषी हूँ

मैं कविताएँ गढ़ रही हूँ
हर अनकहे सवाल का जवाब लिख रही हूँ
मेरे शब्दों को आवाज़ नहीं मिलेगी
क्यूँकि मैं मूक बन सब देख रही हूँ

कविता लिखना ज़िम्मेदारी का काम है
और मैं ज़िम्मेदारी से भाग रही हूँ

अब कविताएँ नाराज़ हैं मुझसे
क्यूँकि मैं रोज़ नहीं लिखती
कुछ रोज़ कहानियाँ लिखी थी
कविताओं वाला प्रेम थोड़ा सा बंट गया
मैं तुम्हारी दोषी हूँ।

बातें

यूँ तो कहने को आज भी तमाम बातें हैं
कुछ वो जो पहली बार तुमसे मिलकर
ज़हन में आयी तो
मगर गले में ही रूँध गई
कुछ वो जो मैंने कहनी तो चाही
फिर भी आते आते रुक गई
और वो चंद बातें जो मैंने बचायी हैं
बिछड़ते वक़्त कहने के लिए
सारी बातें पुराने ख़त में लिख दी है
और तुम्हारे पुराने पते पर ख़त भेजा है
मेरी याद अगर आ जाये कभी
उसी पते पर जाकर देखना कितने ख़त मिलेंगे।

ख़ुद की तलाश में

सबसे अधिक कविताएँ
याद में लिखी गईं

पहाड़ों से लौट कर
नदियों के संग बहकर

बयार बन कर कभी
तो कभी समंदर में मिलकर

हर पल में क़ैद जब यादें
आज़ाद हुईं तो कविताएँ हुईं

तुमसे बिछड़ कर
तुमसे मिल कर
जितनी यादें इकट्ठा हुईं
कविता हुईं
ख़ुद की तलाश में कोई कविता नहीं हुई।

हर टीस में जीवन है

पहाड़ों से फूट कर रेत
नदियों की सतह में नहीं जमी
ग्लेशियरों से पिछली बर्फ़
समंदरों में नहीं मिली
तारों के टूटने का दर्द आसमाँ को नहीं हुआ

रेत के घर बनाये गये
ढहा दिये गये
बर्फ़ में टीले बने
जिनमें लोग दफ़न हुए
और टूटते तारों से उम्मीद की गई
सपने पूरे करने की

हर कहानी के हर पात्र को महान नहीं कहा गया
भर जाने पर भी डायरी नहीं फेंकी गई
पुराने फ़र्नीचर को जलाया नहीं गया
कहानियाँ सच्ची रहीं
डायरी ईंट हुई
और फ़र्नीचर को बेच दिया गया

इस सबका मतलब है
सब कुछ जीवन है
हर कसक में
हर टीस में जीवन है।

हमारा चुनाव

हमारे चुनाव ही तय करते हैं
हमारी परीक्षा

और हमारा संतुलन तय करता है
परीक्षा का परिणाम
किंतु कोई भी परिणाम
हमारी क्षमता तय नहीं करता

हमारी क्षमता हम ख़ुद तय करते हैं।

प्रेम रहता है सदा के लिए

जब सारे मोह के पीछे भाग रहे थे
मैंने प्रेम चुना
और तुम्हें जाने दिया
मोह बांध कर रखना चाहता है
प्रेम जाने देना जानता है

मैंने प्रेम में मोह को ऊपर नहीं रखा
पल पल उसे सीने में दफ़न किया
प्रेम को पलने दिया
क्यूँकि
मोह घट जाता है
प्रेम रहता है सदा के लिए।

चले भी आओ

रूठ कर यूँ कहाँ जाओगे
अब चले भी आओ
मेरे घर का हर कोना तुम्हें याद करता है

हर रंग में
हर महक में
तुम हो फिर भी
मेरा मन तुम्हें याद करता है
अब चले भी आओ

उबलती चाय की ख़ुशबू हो
ओस की बूँद हो
सब में तुम्हारी याद है
फिर भी मुरझाए फूलों का टूटना तुम्हें याद करता है
अब चले भी आओ

हाथों की लकीरों में
चेहरे पर बिखरी बालों की लटों में
तुम हो फिर भी
पुरानी चोट का निशां तुम्हें याद करता है
कि अब चले भी आओ
मेरे घर का हर कोना तुम्हें याद करता है।

तुम्हारा मुरझाना निरर्थक नहीं हो सकता

गुलाबों से कहना मेरी याद में मुरझाना छोड़ दें
कुछ याद रखना ही है
तो उन कविताओं को याद करना
जिनमें जीवन सहेजा गया

उन स्त्रियों को याद करना
जिनकी ज़िंदगी चूल्हे में ख़ाक हुई
उन प्रेमिकाओं को स्मरण करना
जिन्हें प्रेम की इजाज़त नहीं थी
पर उन्होंने स्वयं में प्रेम को जीवित रखा

उन कवियों और कविताओं को याद करना
जिन्होंने या तो विद्रोह लिखा या प्रेम
दुनिया में स्मरण करने योग्य
बहुत सी बातें है
बहुत से लोग हैं
बहुत सी घटनाएँ है

मुझे उन यादों में शामिल करना ही है
तो मेरी कविताओं में ख़ुद को छुपा लेना
तुम्हारा मुरझाना
तुम्हारा सूखना
निरर्थक नहीं हो सकता।

शून्य होने के कारण

किसी को जानने की कोशिश में
मैं उन बातों को नहीं जानना चाहती
जिससे सामने आने पर वो असहज महसूस करे

मैं बस उतना जानना चाहती हूँ
जितना तुम बताना चाहते हो
जिसमें तुम सहज रहो
मैं बस तुम्हारे शून्य हो जाने के कारणों को जानना चाहती हूँ

जिस भी कारण से कोई शून्य हुआ
वही कारण सदैव नई शुरुआत की वजह रहे हैं।

जाने देना सतत क्रिया है

हर जाता हुआ लम्हा
हर बीतता दिन
जितना हमें आगे धकेल रहा है
उतना हम धकेल रहे हैं ख़ुद को पीछे
पुराने दिनों में
पुराने रिश्तों में
और पीछे जाते हुए खो रहे हैं
नया कल
सुनहरा भविष्य
इन जाते हुए लम्हों को चले जाने दो
यह एक सतत् क्रिया मात्र है।

एक दिन सब शून्य होगा

एक दिन सब शून्य होगा
सब मौन होंगे
शब्द अर्थहीन हो जाएँगे
इंसानियत दफ़न हो जाएगी

स्त्रियों से नहीं पूछी जाएगी उनकी हाँ ना
बच्चों से छिन जाएगा बचपन
बुज़ुर्गों से कहानी सुनने कोई नहीं आएगा
दुनिया भयावह हो जाएगी
उजड़ते बसंत
सूखी नदियाँ
कंकड़ कंकड़ होते पहाड़
कहीं से प्रेम नहीं फूटेगा

इतने शून्य के बाद
इतने मौन के बाद
सभ्यताओं के उजड़ने के बाद
कविताएँ जीवंत करेंगी
और पेड़ों से जीवन बहेगा

इसलिए मेरा संदेश है कवियों के लिए
कि कविताएँ लिखते रहें
कविताएँ शून्य नहीं होती
और लोगों के लिए इतना कि
पेड़ लगाते रहे
पेड़ शून्य नहीं होने देते।

प्रेम में परिवर्तन निहित है

मैंने प्रेम लिखते हुए तुम्हें सोचा
तुम्हें सोचते हुए प्रेम लिखा
प्रेम को लिखना और प्रेम के विषय में सोचना
दोनों की शुरुआत में तुम हो
प्रेम में होते हुए जब भी लिखा गया
परिवर्तन के लिए लिखा गया
और जब भी परिवर्तन हुआ
उसकी वजह प्रेम रहा
प्रेम में परिवर्तन निहित है।

तुम्हें सीखना होगा

और एक दिन तुम्हें
ख़ुद से मोहब्बत हो जाएगी
फिर तुम्हें उस दिन के बाद
किसी और का इंतज़ार नहीं रहेगा
और ख़ुद को चाहने के लिए
तुम्हें ख़ुद को ऐसे ही अपनाना होगा
जैसे तुम हो
उम्र के धब्बे
चोट के निशाँ
सब को अपनाना होगा
और तुम्हें सीखना होगा
माफ़ करना
भूल जाना
भुला देना
जाने देना
और वक़्त के साथ साथ चलना।

डियर ज़िंदगी

डियर ज़िंदगी
हम तुम साथ साथ चलते तो है
फिर भी अकेले क्यूँ हैं
तूने हाथ थामा तो है
फिर भी हाथ में हाथ क्यों नहीं है
इस क्यूँ है और क्यों नहीं है के बीच में हूँ मैं
और इसके छोर पर हो तुम
और हम मिलेंगे साथ चलने के लिए
हाथ थामकर निभाने के लिए
जैसे सूरज डूब कर मिलता है रेत में
समंदर में सुबह निकलने के लिए।

मैं खो रही हूँ ख़ुद को

मैं खो रही हूँ ख़ुद को
यह जानते हुए कि तुम मेरी तलाश में कभी नहीं निकलोगे
यह जानते हुए कि तुम्हारी तलाश मैं कभी नहीं थी
यह जानते हुए कि तुम्हारी तलाश पूरी हो चुकी है

मैं खो रही हूँ ख़ुद को
वापस किसी के ढूँढे जाने पर मिलने के लिए नहीं
कविताओं में क़ैद होने के लिए नहीं
बेचैन रात में याद आने के लिए भी नहीं

मैं खो रही हूँ ख़ुद को
ख़ुद अपनी ही तलाश में।

कठोरता

पहाड़ों के बीच बैठकर
महसूस की मैंने जीवन की कठोरता
बहती नदियों में मैंने अनुभव की
कैसे कठोरता तब्दील हुई सरलता में
कैसे कठोर पहाड़ टूटकर बह गये नदियों के बहाव में
और किनारों में बैठ गये

जीवन भी ऐसा है
कहीं तुम्हें कठोर होना है
कहीं निर्मल
कहीं सरल
और कहीं ठहरना है
और कहीं बहना है।

प्रेम पत्र

तुमसे दूर
पहाड़ों के बीच
बस एक चीज़ जो गुनगुनी है
न न धूप नहीं
तुम्हारी मोहब्बत और पुरानी यादें
यहाँ जितनी बहाव से नदी बहती है
तुम्हारी याद मेरे ज़हन में उससे तेज़ बहती है
और जितने स्थिर ये पहाड़ है
दूरियों में भी उतनी स्थिर है ये मोहब्बत
और सच कहूँ तो तुम्हारे बग़ैर
दुनिया की हर ख़ूबसूरत जगह वीरान है
ख़ूबसूरत कुछ है तो तुम्हारे साथ बिताये लम्हे।

कुछ ख़ूबसूरतलिखा

दिन या रात देखकर जो लिखा
सब धुँधला सा रहा
हवाएँ उसे अपने संग ले गईं
सुबह शाम की कशमकश में जो लिखा
नदियाँ उसे बहा ले गईं

मगर कुछ है जो पहाड़ की तरह
अडिग रहा
मेरा रहा
ये वो तमाम कविताएँ हैं जो
बेवक़्त लिखी गईं
और ज़हन में घूमती रह गईं

कुछ वे कविताएँ थीं
जो तुम्हें सोचकर लिखी गईं
कुछ तुम्हें भुलाने की कोशिश में लिखी गईं
कुछ तुम सा लिखने की जद्दोजहद में लिखा
मगर जो सबसे ख़ूबसूरत लिखा
तुम्हारे इंतज़ार में लिखा।

मैंने अंततः प्रेम लिखना चाहा

त्रासदी लिखने की मंशा
न तो कभी रही न रहेगी
मगर फिर भी त्रासदी लिखने की वजह क्या रही?

मोह लिखना चाहा
अलगाव लिखना चाहा
विरह की पिछली कहानियों में लौटकर
दोबारा मिलन लिखना चाहा
तमाम लिखी गई कविताओं को
मिटाकर वापस लिखना चाहा
चाहने की सीमा को लिख कर लांघना चाहा

सबके पीछे की वजह को सबसे छुपकर लिखना चाहा
मैंने अंततः प्रेम लिखना चाहा
क्योंकि प्रेम विद्रोह है, त्रासदी है
और त्रासदी की वजह रही
तुम से छुप कर किया गया प्रेम
जितना छुपाना चाहा
उतना विद्रोह हुआ
जब विद्रोह न रुक सका
तो प्रेम जीवन की सबसे बड़ी त्रासदी बना
क्या सच में मैंने त्रासदी लिखना चाहा
मैंने अंततः प्रेम लिखना चाहा।

व्यर्थ है तुम्हारा लौटना

मैंने किया इंतज़ार
तुम्हारे लौटने का
जब तक मेरे भीतर प्रेम का एक भी क़तरा था
अब तुम लौट भी आओ तो
न मेरी आँखों में इंतज़ार मिलेगा
न हृदय में प्रेम
व्यर्थ है अब तुम्हारा लौटना
क्योंकि हर क़तरे में बहाया है मैंने प्रेम
क्योंकि दम तोड़ चुकी है मेरे भीतर की संवेदनाएँ
और लौट आने की उम्मीदें

तुम्हारे न लौटने की यूँ तो ख़बर थी मुझे
मैंने किया इंतज़ार फिर भी
प्रेम के बह जाने का
सूखी स्मृतियों से रिसता प्रेम
यक़ीनन तुम्हारे हिस्से में नहीं

तुम वृक्ष के वो हिस्से थे
जो तेज़ हवा के बहाव में बहे
मैंने जड़ की भाँति वृक्ष के हरे होने की प्रतीक्षा में
स्वयं को सुखा दिया
लौट आना सुखद प्रतीत होता है
मैं लौटी हूँ स्वयं में
तुम्हारे न लौटने के इंतज़ार में

मेरे सार्थक प्रेम का सबूत है
तुम्हारा आज़ाद होना
प्रेम से आज़ाद होना
और मेरा बह जाने तक का इंतज़ार करना सुखद है

एक मंज़िल के दो राही
कुछ देर साथ चले।

प्रेम जीवन लाता है

तुम्हारी हथेलियों को चूमते हुए
मैंने छू ली तुम्हारी आत्मा
अब मुझमें तुम ऐसे बसते हो
जैसे प्रकृति में जीवन

तुम्हारी गर्म साँसों को महसूस करते हुए
मैंने छुआ गर्म धुँआ
जो दर्शाता है संघर्ष
कि कितना तपे हो तुम
कितना जले हो

जीवन की महत्ता जानने को
मैंने टटोली तुम्हारी आँखें
जिनमें छिपा है सृजन

यही आँखें ला सकती हैं प्रलय
क्योंकि प्रेम प्रलय के साथ आता है
और जीवन लाता है।

मैं रुकी हूँ तुम्हारे लिए

सच कहूँ तो मैं सुकूँ ढूँढने पहाड़ों में नहीं गई
तुम चले गए तो सुकूँ चला गया
मैं तुम्हें ढूँढने पहाड़ों तक गई

तुम मिले
हवा में ख़ुशबू की तरह
पानी में लहर की तरह
फिर फ़िसल गए
हाथ से रेत की तरह

तुम मिले
पतझड़ में चिनार के पत्तों की तरह
सफ़ेद बर्फ़ के तूफ़ान की तरह
और कश्मीर के मीर में
फिर चले गए हिमाचल के चल की तरह

जब तुम मिले
आँखों में सवाल कई थे
ज़हन में मलाल कई थे
फिर तुम मिले हर दिशा में उत्तर की तरह
और सवाल छू हुए हवा में धुएँ की तरह

एक बात जो चुभी रह गई
दिल में कांटे की तरह
आँखों में तिनके की तरह
कि
हमें तो मिलना था समंदर में दरिया की तरह
पर तुम गए बिन बरसे बादल की तरह

और एक शिकायत
कि तुम आना अब बहाने की तरह
और रुक जाना
रुक जाना मेरी तरह
जैसे मैं रुकी हूँ तुम्हारे लिए आसमां में तारों की तरह।

उठो

उठो
दूसरों को गिराने के लिए नहीं
किसी से माँगने के लिए नहीं
किसी को वापस बुलाने के लिए नहीं
किसी से माफ़ी के इंतज़ार में नहीं

उठो
अपने लिए
आगे बढ़ने के लिए
ख़ुद से जीतने के लिए।

हम अब भी साथ होंगे

एक रोज़ सबसे नज़र बचाकर
किसी को ख़बर किए बग़ैर
ख़ुद से छुपकर आना
कविताओं की सारी किताबें उठा लाना
उन कविताओं में हम अपनी कहानी ढूँढेंगे
कोई एक सिरा ज़रूर मिलेगा जहाँ हम अब भी साथ होंगे।

चले आओ

कोई न सुने तुम्हें
तो चले आओ

कोई थाम ना सके
तो चले आओ

उदासी घेर लें तुम्हें
तो चले जाओ

ज़ख़्म गहरे हैं यदि
तो चले आओ

दिल में छुपी कोई बात है
तो चले आओ

मंज़िल ना मिले
तो चले आओ

मरहम ना मिले
तो चले आओ

तुम्हारी बातों के इंतज़ार में...

वही बाँटना जो चाहिए

और एक रोज़ ज़िंदगी
तुम्हें वो सब लौटाएगी
जो तुम दूसरों को दे रहे हो
अब वो खुशियाँ है
प्यार है
अपनापन है
या कुछ और

तो जो तुम्हें अपने लिए चाहिए न मेरी जाँ
वही बाँटना कुछ और नहीं।

क़िस्मत, चाहत, मोहब्बत

तुम्हारा चले जाना
और कभी वापस न लौटना
विस्मय!

यादों की तफ़्तीश करना
हर आवाज़ में तुम्हारी आहट सुनना
प्रतीक्षा!

हमारी मुलाक़ात
हमारी कहानी
मिलना
बिछड़ना
हँसना
बिलखना
संयोग!

लौटने का वादा
फिर वादे से मुकरना
विवशता!

साथ होने की ख़्वाहिश में साथ साथ चलना
रेल की पटरियों के जैसे
दो किनारों के जैसे
दूर दूर जीना
क़िस्मत, चाहत, मोहब्बत!

नफ़सा नफ़सी

कल रात ज़िंदगी से बहस हुई
हमारे दरमियाँ कोई और?
वो कान में बुदबुदाती रही
मैं हमेशा मुस्कुराती रही
उसने पूछा
मेरी और तुम्हारी कहानी?
वापस रोती बिलखती मत लौट आना
वापस वही चीज़ें मत दोहराना
तो क्या इस डर से जीना छोड़ दूँ
सिर्फ़ एक नाकाम मोहब्बत के लिए
आने वाले हर ख़ूबसूरत मक़ाम छोड़ दूँ
कल के डर से आगे ना बढ़ूँ
मैं तो जीत गई इस बहस में
ज़िंदगी को अपने हारने का ग़म नहीं
मेरे दोबारा बिखरने की फ़िक्र है
प्यार में परवाह कौन करता है
मेरी तरह प्यार भी कौन करता है
इस बार मैं फिर तुम्हारा इंतज़ार करूँगी
जब लौटना हो तो आँखें नम न हो बस

-ज़िंदगी

गुज़रा वक़्त

मेरे पास तो फिर भी कई वजह हैं
तुम तक आने की
तुम बताओ
कि तुम किस बहाने से आओगे
इस बार जब लौटोगे
तो कुछ नया लाओगे
या फिर से शिकायतें साथ लाओगे
मोहब्बत
ज़रूरत
आदत
हर चीज़ की उलाहना देकर रोकना चाहा था तुमको
तुम ये बताओ इस बार क्या बनकर आओगे?

जब लौटना होता है तो जाते क्यों हैं
और जब जाना था तो अब आना क्यूँ है
तुमसे दूर तुम्हारे बग़ैर
फिर भी तुम्हारे क़रीब
तुम कहो
मुझसे दूर तुम
मेरे बग़ैर तुम
मेरे क़रीब क्यों नहीं
तुम्हारे जाने के बाद मैं वो नहीं जो थी
लौटने पर भी मैं वो नहीं
तुम्हारा लौटना तुम्हारा बसंत
मेरे हिसाब से तो गुज़रा वक़्त कभी लौटता ही नहीं।

व्यथा

कहते है कि प्रेम आँखों में देखा जा सकता है
व्यवहार में महसूस किया जा सकता है
प्रतिक्रिया से जताया जा सकता है
कविताओं में बताया जा सकता है
किंतु एक उदासीन हृदय में प्रेम नहीं बसाया जा सकता

यदि बसाया जा सकता
तो उसे उदासीन होने से बचाया जा सकता
पर हमने बन जाने दिया हृदय को पत्थर
इतना पत्थर कि अब उसमें भी दरार पड़ सकती है
पत्थर टूट कर कण कण रेत हो चला है

जैसे रेत में पानी नहीं रुक सकता
वैसे सूख चुके हृदय में प्रेम जीवित नहीं रह सकता

प्रेम की कुछ अनुकूलताएँ हैं
उसे भूख चाहिए मिट जाने की
समर्पण चाहिए आत्मा का
जिजीविषा चाहिए सामर्थ्य की संघर्ष की

इतना पैदा कर सकते हो अगर
तो उदासीनता से लड़ पाओगे
उसके बाद ही प्रेम पुनः कर पाओगे।

काल्पनिक कहानियों में प्रेम

काल्पनिक कहानियों में प्रेम
व कविताओं में प्रेम
समान है?
भ्रम तो नहीं?

क्योंकि कविताएँ एक उजड़े हृदय को
वापस हरा करने की क्षमता रखती हैं

क्योंकि कविताएँ ठूंठ हुए वृक्ष पर
कोंपल लाने में सक्षम है

क्योंकि कविताएँ
कोमलता को कठोर नहीं होने देती
मैं मानती हूँ
कि कविताएँ स्वयं जीवित हैं
व जीवित रखती हैं हृदय को
तो कविताओं में प्रेम असामान्य है
व कहानियाँ काल्पनिक प्रेम से भरी हैं।

तुम कौन सी कहानी हो

हर कहानी में कुछ किरदार होंगे
जो कुछ न कुछ तो चाहेंगे
कुछ वो होंगे जो कहानी का सुखद अंत चाहते होंगे
कुछ चाहते हैं कि कहानी अधूरी न रहें
और कुछ होंगे जो चाहेंगे कि कहानी ही न हों

सुखद अंत चाहने वाले
वो हैं जो हर हाल में सब ठीक करना चाहते हैं
ख़ुश रहना चाहते हैं

जो चाहते हैं कि कहानी पूरी हो अधूरी न हो
ये वो लोग हैं जो खोना नहीं चाहते
चाहे परिस्थितियाँ अनुकूल न हो

और अंत में वे लोग आते हैं
जो चाहते हैं कि कोई कहानी ही न हो
ये वो है जो पहले ही काफ़ी कुछ गंवा चुके हैं
नई शुरुआत से डरते हैं
शायद मुश्किल से संभले हैं

मैं तो वह कहानी हूँ
जो यादें बिखेरकर सिमट जाऊँगी
तुम कौन सी कहानी हो?

सिलवटें झूठी नहीं हैं

हर सुबह मेरे सिरहाने से
तुम्हारी महक आती है
बिस्तर की सिलवटें
कितना कुछ कह जाती हैं
रात भर ख्वाबों में
तुम्हारे ख़्याल आते जाते रहे
ख़यालों की नदी में
हम तुम साथ साथ डूबते रहे

वो तमाम बातें
जो तुम्हारे रहते
तुमसे कह न सकी
जिन सवालों के जवाब
तुम से माँग न सकी
उनका ज़िक्र सारी रात करती रही
तुम होकर भी नहीं थे कभी
और अब न होकर भी साथ रहते हो
मैं कभी तुमसे कह न सकी
कि आँखें जितनी सूख जाती हैं
इंतज़ार उतना गहरा होता है

तुम्हारी कमीज़ की बाँह पकड़कर सोना
तुम्हारे होते हुए भी
मेरा डर ज़ाहिर नहीं करता

मैं बस कुछ यादें बटोर रही हूँ
कमीज़ के भरोसे आत्मा को छू रही हूँ

मेरे तकिये पर पड़े तुम्हारे होने के निशाँ
मेरी रूह पर पड़े न होने के निशाँ से गहरे हैं
उस खिड़की से झांकता चाँद गवाह है
कि तुम नहीं हो
ख़्वाबों की कहानी में सिलवटें गवाह हैं
कि तुम यहीं कहीं हो
तुम से कहना था
कि सिरहाने की महक
और बिस्तर की सिलवटें झूठी नहीं है।

हमारे दरमियाँ

हमारे दरमियाँ दूरी
हमारे शहरों की दूरी से अधिक है
तुम्हारा शहर मेरा शहर
उतना क़रीब है जितने क़रीब हम हैं

तुम्हें बालकनी से देखना मुमकिन नहीं अब
इक रोज़ आँख बंद करके भी नज़र आए हो
आँखों से हर रोज़ छलक जाते हो
किसी कमज़ोर लम्हें में
मेरी कांपती आवाज़ में सुना जा सकता है तुम्हें
मेरे स्पर्श में ज़िंदा हो अभी
अभी साँसे बाक़ी है तुममें

तुम लौट आओगे तो दूरियों को अर्थ मिलेगा
हमारे शहर एक हो जाएँगे
तुम बालकनी से भी नज़र आओगे
फिर छलकने की गुंजाइश नहीं रहेगी
हमारे दरम्याँ दूरी
सूक्ष्म कण जितनी भी नहीं।

कितने सवाल हैं

रोज़ रोज़ कुछ ऐसा लिखना चाहती हूँ
जो सदियों से दबा चला आ रहा है
सुबह है क्या कहती है
रात क्यों ख़ामोश है
गौरैया घोंसला क्यों नहीं बनाती
माँ अब पायल क्यों नहीं पहनती
एक एक वजह लिखना चाहती हूँ
अक्षर जोड़ जोड़ कर
कैनवास पर उतारना चाहती हूँ
हर एक मन की टीस
हर एक मन की व्यथा

जितनी बातें लिखी जाएँगी
बस वही गूँजती रहेगी
असल में जो बातें मन में दबी रहेंगी
ख़ामोश हो जाएँगी
किसी को आवाज़ नहीं मिलेगी

पहाड़ क्यों टूट रहे हैं
नदियाँ क्यों सूख रही हैं
पेड़ों में जान क्यों नहीं है
बरगद क्यूँ ठूंठ बन रहे हैं
कलाई इतनी सूनी क्यों है

कितने सवाल हैं
जिनके जवाब मैं लिखना चाहती हूँ
हर एक सवाल के लिए
रोज़ एक कविता
एक कहानी

इन जवाबों को न तो काग़ज़ मिलेंगे
न कविताएँ लिखने वाले हाथ मिलेंगे
ना कहानी सुनाने वाली आवाज़ मिलेगी
न सुनने वाले कान मिलेंगे

सब सूख जाएगा दिलों में
मन में दबा रह जाएगा
एक रोज़ व्योम आ जाएगा
संसार रिक्त रह जाएगा
कब चेतना लौटेगी
आख़िर ये शब्द बह जाएँगे
आवाज़ें दबी हैं फिर भी गूंजेंगी
मैं सवाल करती रहूँगी
जवाब लिखती रहूँगी।

कितना मुश्किल है हिन्दी का प्रेम

साल वृक्ष की भाँति लंबी रातें
काट कर मुझ तक आयी है सुबह
एक एक लम्हे में प्रेम सींच कर
क़तरा क़तरा बीन बीन कर बने ये पुल

तुम्हारी आँखों की झील में
गोते खा कर
तैर कर
कभी डूब कर
हृदय तक पहुँचने में
कई बरसों का फ़ासला रहा है
अब जाकर तुम शहर हुए
अब आकर कहीं तुम मेरा घर हुए

साल इसलिए कहा क्यूँकि
बड़ी मुश्किल से मिलते हैं
तुम्हारी तरह
और पुल इसलिए
कि फ़ासला भी रहे और नज़दीकियाँ भी
झील इसलिए कि
इतनी गहरी आँखें हैं
जितने गहरे हैं राज़

प्रेम में संज्ञा
या फिर उपमा में प्रेम
कितना मुश्किल है
हिन्दी का प्रेम...

नब्ज़

तुम्हारा हाथ छूटने पर
तुमसे बिछड़ने के मोह से अधिक
तुम्हारी बातों से किनारा कर लेने का डर रहा
उन्हीं बातों का तकिया बनाकर सोती हूँ
तो अनायास ही आँखें बह जाती हैं
यादों के बहने के डर से कभी मैं रोई नहीं

तुम से छूटते वक़्त
जो उंगली देर तक तुम्हारी हथेली पर टंगी रही
तुम्हारी कलाई पर घूमती रही
उसमें आज भी तुम्हारी नब्ज़ मिल जाती है
उस नब्ज़ को मुट्ठी में दबाएँ
मैंने बस का सफ़र जो बस 3 घंटे का था
कल तक किया
जो मेरी कलाई में है वो तुम्हारी नब्ज़ है
मेरी नब्ज़ तुम से छूटते हुए मुझ से टूट गई थी

तुम अब मुझ में बह रहे हो
इतना तेज़ कि मेरी साँसें उखड़ना आम है
एक और चीज़ जो तुम्हारे साथ चली गई
मेरी मिठास

तुमसे बिछड़ी तो पहले
मैं रात हुई एक दम वीरान और शाम उदास

फिर घाटी कितनी गहरी
और अंत में
नदी एकदम शांत!

तुमसे की हर बात मेरी सतह में जमी है
और प्रेम किनारों में बह रहा है
मेरा नदी होना
तुम्हारे ठूंठ होने से कठिन है।

तुम शनिवार बनकर लौटना

जाते हुए लोग भूल जाते हैं लौटना
तुम्हें मुझे चकित करना है लौटकर
जो चले गए कठोर वे भी नहीं थे
तुम्हें बहना है मेरे संग लौटकर

और लौटते वक़्त
रास्ते के हर मोड़ पर मिले
फूलों से महक चुरा लेना
हवाओं से गति छीन लेना
क्योंकि तुम्हारे जाने से
जो हवा आँधी सी लगने लगी थी
अब वापस हवा बनकर ही चलेगी
फूलों की महक फिर से मनमोहक लगेगी
और जाते हुए जो कटुता छोड़ गए थे
तुम्हारे आने से अब मीठी लगेगी

मगर इतवार नहीं!
उसकी व्यस्तता चुभती है
तुम शनिवार की तरह
थोड़ी थकान भरकर लौटना
ताकि फिर दोबारा न लौट पाओ बिसरी यादों में
लौटो तो बस यही ठहरने के लिए।

कश्मीर (१)

मुझे प्रेम में कश्मीर होना था
जब तक मैंने कश्मीर नहीं देखा था
दूसरों की आँखों से कश्मीर देखकर भी
मुझे डर कभी नहीं लगा

अब मुझे असल में कश्मीर होना है
शांत, सुकून से भरा
मैंने ख़ुद को कभी नहीं देखा
जितना देखा
तुम्हारी आँखों से देखा

पहलगाम से सोनमर्ग तक
डल झील से गुलमर्ग तक
जितने भी मोड़ मिले
हर मोड़ पर कविताएँ मिली
मगर लिख सकूँ उन्हें ऐसी डायरी नहीं मिली

अब मुझे कश्मीर यूँ भी होना है
क्योंकि तुम में कश्मीर है
और जब से तुम्हें जाना है
तबसे तुम सा होना था
मुझे प्रेम में कश्मीर होना था।

कश्मीर (२)

लोग यूँ ही नहीं कह देते
कि कश्मीर सी मोहब्बत करना

यहाँ इतना सुकून है
कि तुम्हारे साथ बिताया हर पल
यहाँ आने से जीवंत हुआ
सुबह की सर्द हवाएँ
उतना ही ठिठुराती है
जितने पर तुम मुस्कुराते रहो
झील उतनी ही गहरी है
जितनी किसी प्यार में डूबे इंसान की आँखें होती हैं

गलियारे में निकलकर बैठी
तो लगा तुम पीछे पीछे चले आओगे
सर्द हवाओं को अपनी मौजूदगी से
गुनगुनाकर जाओगे
दूर दूर तक पानी है
पानी में आती लहरें हैं
लहरों से जलकुंभी मचलती है
दाएँ बाएँ बादलों में छुपते कभी झाँकते पहाड़ हैं
जिनके पीछे से रौशनी आ रही है
और एकदम सूरज सर पे आ जाएगा

जानते हो कश्मीर में तुम्हारी याद इतनी क्यूँ है
तुम्हारे बग़ैर हर चाय फीकी क्यूँ है
मेरी हर कविता में तुम्हारा ज़िक्र क्यूँ है
क्योंकि तुमसे मोहब्बत
या कहूँ तुम्हारी मोहब्बत
ऐसी ही तो है
गुनगुनी
सुकून से भरी
उतनी ही मीठी
जितनी मुझे पसंद है

जी करता है यहीं रह जाऊँ
यहाँ तुम जितने क़रीब हो
कहीं और कभी नहीं थे
झील के पानी की तरह ठहर गए हो
बहता भी है और बहता ही नहीं

तुम्हारी बातें हवा में घुल रही हैं
शायद पहाड़ के पीछे जा छिपेंगी
मेरे जाने का ख़्याल
तुम्हें सामने ले आएगा
सफ़र में ख़्याल मेरे साथ साथ चलेगा
तुम यहीं रह जाओगे।

इंतज़ार ख़त्म हो

कितनी रातों का इंतज़ार
कितने लंबे, सूने, बोझिल दिन
कितनी अधपकी दोपहर
कितनी मायूस शामें
छुपाती हैं आँखें
इंतज़ार में मेरी आँखें धुँधली होनी थी
मगर रौशनी बरकरार रही
आँखों के काले घेरे
बताने को आतुर हैं
कितनी थकान है

रूह जिस्म छोड़ने को तैयार हैं
साँसें थमती ही नहीं
पूरे 365 दिन
12 महीने
24 घंटे
60 मिनट
60 सेकेंड
पल पल तरसी हैं बीते लम्हों में
इस क़दर बरसी हैं कि अब नदियों में उफान है
जलस्तर जैसे कभी गिरा ही नहीं
एक एक निवाला बोझ बना
नींद के बग़ैर हर रात अकेले बिखरी
सुबह कभी हुई नहीं

घड़ी की सुई भागती है तो भागती है
अब बरसों से अटकी है
एक आहट
एक स्पर्श
एक बार देख लूँ तो इंतज़ार ख़त्म हो

एक सुबह हो
वियोग में जीया नहीं जाता
विरह में मौत भी नहीं आती
तरसती, बेचैन, छटपटाती आँखों को सुकून हो
चले आओ वापस तो इंतज़ार ख़त्म हो।

सहराओं का हाल

सहाराओं से पूछना कभी उनका हाल
क्या उन्होंने नदियों की कल्पना नहीं की
क्या उन्हें बरसात का आना नहीं चुभता
या फूल उन्हें अच्छे नहीं लगते

नियति ने सहराओं को कितना सहनशील बनाया है
वे तो एक आह भी नहीं करते
कितने सूने हैं
एक आहट भी कभी महसूस नहीं की
जहाँ भर में पानी बरसाते हुए बादलों से
उन्हें कभी रश्क नहीं हुआ

सहाराओं से सीखा जाएगा ख़ामोश होना
चुप चुप सब सह लेना
नियति को मान लेना
माफ़ कर देना
निरंतर उम्मीद बनाए रखना
और एक रोज़ रेगिस्तान में फूल खिलेंगे
झमाझम बरसात होगी
नदियाँ लौट आएँगी
ख़ुशबूएँ लौट आएँगी

सहाराओं का सहन शील होना
कुछ न कहना
तब समझ आयेगा।

प्रेम के मापदंड

यदि मापने के यंत्र होते
तो सब मापते
प्रेम के मापदंड निर्धारित किए जाते
प्रेम पत्रों के भार को तोला जाता

न तो प्रेम में इंतज़ार का मान होता
ना साथ बिताए क्षणों का
चूँकि कोई प्रेमिका ही नहीं है
प्रेम को गिनना भी संभव नहीं है
अन्यथा प्रेमियों को रोष रहता

आपस में लड़ जाते हैं कि वे अधिक प्रेम करते हैं
अभी तो संतोष करते हैं
कि जितना प्रेम वे बाँटते हैं
उससे अधिक पाते हैं

यदि कोई पैमाना होता तो सब फेल हो जाते
क्योंकि होड़ में प्रतियोगिता तो होती है
किन्तु प्रेम में प्रतियोगिता नहीं होती
प्रेम किसी भी मापदंड से ऊपर है
और तभी तक सार्थक है
जब तक मापना संभव नहीं है।

बातें

यूँ तो कहने को इतनी बातें हैं
मगर उन्हें कहा जाये
या पन्नों पर उतारा जाये
न तो संभव है न आवश्यक

इन बातों को सदियों तक दबाए
जैसे पहाड़ों में दबा रहा जैव
या लिपटी रहीं शैल गैस
बिलकुल वैसे ग्लेशियर में जाती रही बर्फ़
या मरुस्थल में खड़े रहे कैक्टस

फिर सदियों बाद इन बातों का महत्व
ऐसे ही बढ़ेगा जैसे आबादी बढ़ेगी
वज़नदार एवं गोपनीय बातों को सुनने
दीवार भी जीवित होती है

जो बातें मैंने तुमसे कह दीं
या चिट्ठियों में लिख दीं
अथवा वे बातें
जिनकी कविताएँ बनी
या विवाद का हिस्सा
और वे बातें भी जो तुम्हें प्रिय लगी
और कुछ दुनिया को चुभी

तमाम बातें जो बयां हुईं
किसी भी रूप में
उनका अस्तित्व समाप्त हुआ
कुछ का क्षण भर में
कुछ को लगे कुछ और दिन
मगर सब छू हो गईं
अमूमन भुला दी गईं
या नज़रअंदाज़ की गईं
और कुछ मर गईं

किंतु जो बातें न कही गईं न सुनी गईं
और वे जो गले तक आकर रूँध गईं
कुछ जो आँखों की राह बह गईं
और कुछ पेट में कुलबुलाती रहीं
कुछ वे बातें जो जुबां पर आकर लौट गईं
और जिन्हें सीने में दबा लिया गया

वे तमाम बातें इस उम्मीद में जीवित हैं
कि उन्हें पन्नों पर उतारकर
प्रेमिकाएँ फूलों के साथ प्रिय को भेज देंगी
कुछ बातें माएँ बिन बियाही लाड़ली को सिखाएँगी
कुछ अख़बार में छपेंगी
कुछ कानों में कही जाएँगी

कुछ बेचैन हैं कि उन्हें सुनने वे आएँगे
अर्थात उनके प्रिय
तो इन जीवित बातों को कहकर अर्थहीन न किया जाए

मैं तो कदाचित किसी से नहीं कहूँगी
तुमसे कहने से पहले
उन्हें सदियों के लिए
अनंत के लिए
दबा लूँगी अपने सीने में
कुछ को होंठों से चबा लूँगी
मगर तुम सुनना
शायद यह बातें आँखों से निकल जाएँ
तुम्हारी हथेलियों में पसर जाएँ।

तुम्हारे लौट आने का यक़ीन

तुम जब भी मेरी आँखों में झाँकोगे
तुम्हें प्रेम के कुछ कतरो के अलावा मिलेंगे
वो सारे मोड़ जिन पर मैंने तुम्हारा हाथ थामा
और वो सड़कें जिनपर अकेले चलना पड़ा मुझे
और दुःख है कि तुम नहीं देख पाओगे सूखती नदी
तुम्हारे जाने से मैंने बहना चाहा
किंतु मैंने चुना सूखना
और तुम्हें नज़र आएँगे चिनार के पत्ते
जिन पर मैंने तुम्हारा नाम लिखकर हवा में उड़ा दिया
कुछ अधजली लौ मिलेगी
जो प्रेम के रिसने से बुझी बुझी है

और मेरी आँखें आज भी दिखा देंगी
तुम्हें वो सारे ख़्वाब
जो तुमने पिरोए थे
आँखों में झाँकना कितना भयावह हो सकता है

तुम रूह में मत झाँकना
आँखें पढ़कर लौट जाना
अपने रास्ते पर
क्योंकि सूखी नदी पर फूल नहीं उगते
तुम अगर रुके एक और क्षण
तो मेरी रूह मेरी अंतरात्मा

तुम्हें चीख़कर पुकारेगी
तब तुम जान पाओगे कि
टूटे हृदय में भी प्रेम बचता है
और एक टूटा व्यक्ति जोड़ सकता है
टूटे रिश्ते को
भर सकता है हरे घावों को

तुम्हें अब निकलना होगा बिना पीछे देखे
बिना देखे मेरी आँखों में अपना इंतज़ार
बिना देखे मेरे भीतर तुम्हारे लौट आने का यक़ीन...

प्यार बाँटने को कोई नहीं है

सब भटक रहे हैं
प्यार पाने को
प्यार बाँटने को कोई नहीं है
दूसरे के हिस्से का भी छीन लेना चाहते हैं
नोचकर खा जाना चाहते हैं
प्यार भरा स्पर्श कोई नहीं दे पाता
किसी के जी में नहीं है देना
अफ़रातफ़री है सब जगह
हर चीज़ के लिए युद्ध होते हैं
लड़ाइयाँ लड़ी जाती हैं
बैठकर कोई किसी से बात नहीं करता
युद्ध में सिर्फ़ छतें नहीं टूटीं
सपने कुचल दिए गए
प्यार में सिर्फ़ दिल नहीं टूटे
पूरे के पूरे इंसान नष्ट हो गए
और किसी का हृदय नहीं पसीजता
किसी को दूसरे का दर्द नहीं दिखता
दिखती है कुर्सी
दिखते हैं नोट
दिखती है सियासत
नहीं देख पाते क़ब्रिस्तान
नहीं देख पाते शमशान।

प्रेम की आस

मुझे बदले में प्रेम की आस नहीं है
मुझे तुमसे प्रेम में उपहार की चाहत भी नहीं है
मेरी चाहत है कि ये न चाहने वाली चाहत बनी रहे
इसके अलावा कोई भी चाहत मैंने नहीं रखी
क्यूँकि मुझे मालूम है वो मुझे तुमसे दूर ले जाएगी

मुझे बदले में तुमसे कुछ चाहिए
तो वो एक नज़र
जिस नज़र से तुमने मुझे पहली दफ़ा देखा
वो लम्हा जिसमें तुम, तुम न रहे, मैं हो गए
वो फूल जो तुमने कभी किताबों में नहीं रखे
वो कोरे पन्ने जिनमें हमारे नाम नहीं लिखे गये
बस यही चाहिए
इतना ही...

सारी कविताएँ तुम्हारे लिए हैं

प्रेम पर लिखी गई सारी कविताएँ तुम्हारे लिए हैं
और आने वाले समय में
जितनी कविताएँ लिखी जाएँगी
यक़ीनन तुम्हारे लिए लिखी जाएँगी
नदियों का बहाव हो
या भावनाओं का
तभी ठहरेगा
जब तुमसे जा मिलेगा

सदियों से चलता हुआ प्रेम
यूँ ही पन्नों में क़ैद नहीं किया गया
तुम्हारे होने की कल्पना से
तुम्हारा हक़ीक़त में होने तक का समय
तुम्हारे लिए प्रेम कविताएँ
गढ़ने में गुज़रा है

नदियों की सतह पर जमा रेत
और मेरे हृदय की सतह में जमा प्रेम
तुम्हारे लिए हैं
इस प्रेम की गवाह सदियाँ है
प्रकृति है
प्रकृति का हर रंग है
और सदियों से लिखी प्रेम कविताएँ है।

पनाह

तुम्हारी आँखों में झाँकने से मालूम हुआ
कि समंदर सी आँखें तुम्हारी
बस गहरी ही नहीं है
जैसे समंदर ने तूफ़ान पाले हैं
हर सतह में रहस्य दफ़नाए हैं
परत दर परत चट्टानें छुपाई हैं
वैसे तुमने भी गहरी आँखों के पीछे
अपनी निश्छल मुस्कुराहट के पीछे
एहसास दबाएँ हैं
कई चेहरे छुपाएँ हैं

काले स्याह गढ्ढे तुम्हारी आँखों के नीचे
रातों को जाग कर नहीं पड़े
यक़ीनन ये वो चेहरे हैं
जो तुम्हारे ज़हन में दबे हैं
तुम्हारी हथेलियों की गर्माहट
सुकून से ज़्यादा बेचैन कर जाती है
तुम्हारी प्रिय किताबें
और प्रिय लोगों का चुनाव
ज़ाहिर करता है
कि तुम ज़हन में छुपी
सदियों की कड़वाहट पीकर
मधुर हुई आत्मा हो
जिसे कविताओं और किताबों में पनाह मिली।

प्रेम विज्ञान को सार्थक करता है

तुम्हारी गर्म साँसों को मैंने तब महसूस नहीं किया
जब तुम मेरे क़रीब थे
कड़कड़ाती सर्दी में
बर्फ़ की चादर से लिपटे
साँसों को जमा देने वाले प्रदेश में
तुम्हारी गुनगुनी हथेलियों को
थामने के प्रयास में
अनायास ही तुम्हारी गर्म साँसों का ख़्याल आया
और तुम्हारे नज़दीक न होकर भी
ख़ुद को तुम्हारे सबसे क़रीब पाया

इस कठोर सर्दी में
तुम्हारी गर्म साँसों ने
मुझे जमने नहीं दिया
महज़ तुम्हारे ख़्याल ने मेरी देह को गुनगुना रखा
ये गर्माहट, तुम्हारे होने का एहसास
सदियों तक दिलाती रहेगी
और इस नाज़ुक रिश्ते को
मज़बूती से जकड़े रहेगी

अब सोचती हूँ
कि जब तुम क़रीब होते हो
तो साँसें क्यों बढ़ जाती हैं
क्यों अचानक जनवरी बैसाख सी लगती है

क्यूँकि ऊर्जा नष्ट कहाँ होती है
बस रूपांतरित होती है
साँसों का बढ़ जाना
हथेलियों का गरमा जाना
गालों का सुर्ख़ होना
सब ऊर्जा ही तो है
जो तुम्हारी छुअन से मुझमें
और मेरे स्पर्श से तुम में संचरित होती है
यह विज्ञान नहीं है यक़ीनन
ये प्रेम है
जो विज्ञान को सार्थक करता है।

यादों के नाम एक ख़त

तुम्हारी गुनगुनी यादों के नाम
एक ख़त लिख रही हूँ

इस उम्मीद में कि इसी ख़त में
वो सूखे फूल मिलेंगे
जो तुम्हारे रूठने पर मैंने
तुम्हारे सामान में छुपाए थे

इसी ख़त में वो आँसुओं के
निशान भी मिलेंगे
जो मुझे स्मरण करते हुए
तुम्हारी आँखों से बह गये थे

ये वही ख़त है जो
हर प्रेमिका ने
अपने प्रिय के लिए लिखा
मगर कभी भेज ना सकी

सदियों से दिलों में दफ़न मोहब्बत को
उजागर करने की चाहत में
मैं यह ख़त तुम्हारे नाम लिख रही हूँ
एक एक अक्षर में सौ सदी का प्रेम दबाकर
कागज़ पर गढ़ रही हूँ
एक एक शब्द जब तुम पढ़ोगे

त्रासदी होगी
विद्रोह होगा
यही दबा हुआ प्रेम
तुम्हारी आवाज़ में दुनिया के कानों में
सदियों तक गूंजेगा

यहीं दफ़न किया प्रेम प्रलय लाएगा
प्रेम के विरोध में जो कुछ रहा
उसके आवेश में समा जाएगा
प्रेम बचाने की कोशिश में यह ख़त लिख रही हूँ

इसके बाद प्रेमिकाएँ
स्वतंत्र हो जाएँगी
अवरोध की धूल मिट जाएगी
प्रेम अब महज़ पन्नों में नहीं उतारा जाएगा
तुम्हारी आवाज़ में सुना जाएगा
तुम्हारी अलमारी में संजोया जाएगा
तुम्हारी ख़ुशबू में बहेगा
तुम्हारी कमीज़ पर लगे धब्बों से लेकर
तुम्हारी कनपटी से बहते पानी तक में
प्रेम मिलेगा

और ये ख़त इस उम्मीद में भी कि
जब मैं दुनिया में नहीं रहूँगी
जब तुम नहीं रहोगे
तब भी इस ख़त में छुपे गुलाबों से
प्रेम महकेगा।

प्रेम

एक समय मैंने प्रेम को
सिरे से नकार दिया था
और आज प्रेम ने मेरे भीतर
पल रहे हर उस विचार को
नकार दिया जिसने कभी
प्रेम को नकारा

मनुष्य तभी सरल है
जब उसके भीतर प्रेम है
प्रेम का कोई भी रूप
व्यक्तित्व को बदलने की क्षमता रखता है

मुझे सबसे पहले प्रकृति से
और उसके बाद प्रकृति से
जुड़ी कविताओं से प्रेम हुआ
और अब जीवन के हर रंग से मुझे प्रेम है।

प्राकृतिक चक्र

बादलों से बिछड़ते हुए
बूँदों ने कभी संकोच नहीं किया
धरती पर गिरते हुए भी
बूँदों को कभी बादलों से बिछड़ने का
ग़म नहीं हुआ

क्यूँकि बूँदें बनी थीं
धरती को तर करने के लिए
उनके बग़ैर धरती बंजर रहती
और बूँदें बादल से ना बिछड़तीं
तो एक समय पर बादल इतने भारी हो जाते
कि त्रासदी ले आते

बादल, बूँद, ज़मीं
एक प्रक्रिया में बंधे हैं
एक प्राकृतिक चक्र में

समंदर को कभी
जलन नहीं हुई कि
उससे चुरा कर बादल बने
समंदरों में पानी कहाँ से आया
नदियाँ पहाड़ों से दूर हुई
सब चक्र में बंधे हैं

कोई छूटता है तो कोई मिलता है
यही जीवन है ऐसे ही चलता है।

मेरी प्रिय कविताएँ

मेरी सबसे प्रिय कविताएँ वो रहीं
जो ज़हन में रहीं
पन्नों पर उतारी नहीं गईं
किसी से कही नहीं गईं

सारे ख़्याल रात के साथ बह गये
सुबह कविताओं के साथ कभी नहीं हुई
बंद कमरों की दीवारों पर
मैंने जितने कैनवास टाँगें
वो सब कविताएँ थीं
मेरी मौन कविताएँ
जो कभी पढ़ी नहीं गईं

यह सब कविताएँ मेरे ज़हन में आती रहीं
और हर गुज़रते पल के साथ बीत गई
मेरी चुप्पी में इतनी बातें हैं
बातों के ढेर हैं बातें क्या हैं
अब जब मैं कविताएँ गढ़ती हूँ
सबसे ख़ामोश तभी होती हूँ
ये जीवन के सबसे शांत दिन हैं
कविताओं भरे दिन

मगर ये कविताएँ कहीं नहीं जाएँगी
मेरे साथ बह जाएँगी।

पुराना वक़्त

पुरानी किताबें, पुरानी बातें
पुराने लोग, पुराने रिश्ते
एक ख़ास बात है इन सब की
सब पर समय की धूल पड़ चुकी है
सबकी अपनी कहानियाँ हैं

पुरानी किताबों में अक्सर
वही पुराने दिनों को जीया जा सकता है
उसी पुराने वक़्त में लौटा जा सकता है
पुराने लोगों से पिछली सदियों को
वापस बुलाया जा सकता है

हर पुराना रिश्ता हज़ारों सीख देकर गया है
और पुरानी बातें जितना हँसा सकती हैं
उतना रुला भी सकती हैं

पुराने होने का अलग महत्व है
इसे सहेज कर नई किताबें लिखी जा सकती हैं
नए रिश्ते नए लोग और बातें सब किया जा सकता है
बनाया जा सकता है
कुछ है जो नहीं हो सकता
जो नहीं लौट सकता
वो है पुरानी स्मृतियाँ।

कशमकश में लिखना कितना मुश्किल है

कुछ घट रहा है पल पल
एक आवाज़ है जो धुँधली पड़ती है हर पल
एक ख़्याल है जब बार बार ताज़ा होता है
जाने किस बात का अफ़सोस है
जाने किस बात का मलाल है

कविताएँ कहती हैं कि
पुराने लोग अपने लोग
सब सुन्न होते हुए भी सुन लेते हैं
अपनों की तक़लीफ़
उनकी टीस भाँप लेते हैं

कुछ कहानियाँ लेखकों ने अधूरी छोड़ दी
कुछ पूरी होते हुए भी पूरी नहीं थी
जाने क्यों सुबह पहली सी नहीं होती
जाने क्यों अब बेफ़िक्र नहीं सो पाती

कुछ तो है,
कुछ है जो
घटित हो रहा है पल-पल, हरपल
एक चेहरा है पता नहीं किसका है
कोई अपना सा नहीं लगता
आँखों में घूमता है, मिट जाता है
पता नहीं कैसे क्यों सब छूट जाता है

जाने देना
लौटने की उम्मीद रखना कितना सही है
एक ख़्याल है जो जाता ही नहीं
कशमकश में लिखना कितना मुश्किल है।

तो क्या होगा?

किसी का दूर जाना
अब मुझे विचलित नहीं करता
नहीं करता उदास
किसी का चले जाना
छूटते लोगों से मेरी अपेक्षाएँ
बिलकुल वैसी है जैसे
मृत्यु से जीवन माँगना हो

अब कुछ विचलित करता है
तो वो है नए लोगों से जुड़ना
नए की तलाश में निकलना
सब कुछ की चाह से कुछ न की चाह
धीरे धीरे सदियों का मौन होना

कुछ है जो उदास करता है
तो वो है भय
कि मुस्कुराते चेहरे उदास हो गए तो?
उनकी हँसी खो गई तो?
आगे का रास्ता मिला ही नहीं तो?
मंज़िल तक जाने का जुनून नहीं रहा तो?
किसी को कविताएँ नहीं मिली तो?
प्रेम, जंग से कम पड़ गया तो?
चिट्ठियाँ जहाँ जानी थीं वहाँ नहीं पहुँची तो?
तो क्या होगा?

उसी पुराने पते पर

ऐसा नहीं है कि इन दिनों कुछ लिखा नहीं
इन दिनों मैंने सबसे ख़ूबसूरत कविताएँ लिखीं

वे सारी कविताएँ जो
तुम्हारी हथेलियों को छूते हुए
मेरे ज़हन में आयीं
और वो बातें जो
तुम्हारे छूने से कविताएँ हुईं
उन सबको मैंने लिखा
नहीं किसी काग़ज़ या डायरी में नहीं
तुम्हारी पीठ पर लिखा

इन दिनों तुमसे दूर होकर
या सबसे क़रीब होकर
कहानियाँ लिखीं
जिसमें आख़िर में सब ठीक होता रहा
और लिखी चिट्ठियाँ
तुम्हारे नाम!
उसी पुराने पते पर!

मैं पहाड़ हूँ

जाते हुए लोगों से जाने की वजह पूछना
नदियों का रास्ता रोकने जैसा है

जब पहाड़ों ने नदियों के दूर जाने की
वजह नदियों से नहीं पूछी
तो जाते हुए लोगों से उनके
उनके जाने की वजह पूछना
प्रकृति विपरीत नहीं है?

नदियाँ रास्ते ख़ुद बनाती हैं
और बह जाती हैं
लेकिन उनकी बह जाने से
पहाड़ भी नदियों के साथ बह जाते हैं
रेत बनकर उनकी तलहटी में बैठ जाते हैं

अंत में नदियाँ इस रेत को भी
डेल्टा पर छोड़ जाती हैं
क्योंकि पहाड़ों ने उन्हें रोका ही नहीं
जाने की वजह पूछी ही नहीं

नदियों के आगे पहाड़ टूट गए
साथ बह गये
जो ज़्यादा कठोर थे
वहीं रह गये

तुम कल्पना करना कि मैं पहाड़ हूँ
कल्पना में मैं कठोर होना चाहती हूँ
असल में तो मैं बह रही हूँ।

घर

घर से दूर जाना सिर्फ़ घर से दूर जाना
कभी नहीं होता
घर छोड़ते हुए आप अपनी आत्मा छोड़ जाते हैं
अम्मा बाबा की आँखों में अनगिनत सपने छोड़ जाते हैं

सपने पूरे होने की उम्मीद
आपको घर से जोड़कर रखती है
और उन्हें सपनों के टूटने पर रिश्ते बिखरते हैं

जो घर छोड़कर जाता है
वो घर क्यों नहीं लौट पाता!
कभी बेबाक़ बात नहीं कर पाता
उसकी अपनी पीड़ा है
मन की कसक है
सपनों का टूटना जितना टीसता है
अपनों का दूर होना
उससे अधिक चुभता है

अब जब तुम घर से निकलो
सपने पूरे करने
तो ये सोच कर मत जाना
कि टूटा सपना वापस नहीं आने देगा
घर का हर कोना
और उम्मीद से भरी आँखें
तुम्हें तुम्हारे सपनों से ज़्यादा चाहती हैं।

कोशिशें नाकाम नहीं होतीं

यह तो निश्चित है कि
प्रयासों के बिना सफलता नहीं मिलती
लेकिन कितनी कोशिश की जाएँ
कि मंज़िल मिल जाए
स्वयं को कितना तपाया जाए
कि एक दिन हम सोना हो जाएँ

मसला सिर्फ़ कोशिशों का नहीं है
हर बार नाकाम होने पर
पहले जितना दृढ़ होना भी ज़रूरी है
विचलित मन को शांत करना भी ज़रूरी है

और हार जाने से, हार नहीं होती
उसी तरह जीतने से, बस जीत नहीं मिलती
या तो मिलती है उदासीनता
जो भयावह है
या फिर मिलती है मंज़िल
मेरा बस इतना कहना है
कि कोशिशें नाकाम नहीं होतीं
एक रोज़ मंज़िल मिल जाती है।

मैं मुरझाई तुम्हारे लिए

बुझते चिराग़
कभी तेज़ हवाओं से नहीं बुझे
उन्हें बुझाया
अपने अंदर चल रही आँधियों ने

सूखते फूल कभी
पानी की कमी से नहीं सूखे
वे सूखे ख़ालीपन और उनकी मायूसियों से

प्रेमिकाएँ इसलिए बंजर नहीं हुईं
कि उनके प्रिय चले गए
वे बंजर हुईं
अपने प्रिय की अनेकों प्रतीक्षाओं में

मुरझाने के पीछे कभी भी
एक वजह नहीं रही
और मैं मुरझायी तुम्हारे लिए।

ख़ुद को ढूँढने के लिए

अंत में सब ठीक होने की उम्मीद लिए
हज़ारों अधूरी ख़्वाहिशों के पूरा होने की आस लिए
मैं चल पड़ी हूँ सब बटोरने के लिए

पीतल की छाल
तुलसी के बीज
प्रेम में लिखी चिट्ठियाँ
पुरानी डायरी
सूखे फूल
इतना बहुत है अकेले चलने के लिए

जैसे जैसे दिन बीतेगा
साँस उखड़ेगी
पाँव थकेंगे
होंठ सूखेंगे
मन अधीर होगा
आँखें पथरा जायेंगी
ये सब कम आएगा आगे बढ़ने के लिए

शुरू से शुरू करने के लिए
एक बार फिर पहली दफ़ा मिलने के लिए
और कविताएँ लिखने के लिए
मैं चल पड़ी हूँ ख़ुद को ढूँढने के लिए।

अपनी तलाश

1.
मैं हर सुबह अपनी तलाश में निकलती हूँ
ख़ुद को ढूँढने को मैं
किसी और से जाकर मिलती हूँ
प्रकृति का हर रूप अपने आपसे मिलने को
अपने अस्तित्व से मिलने को
घर से निकलता है
रास्ते की रोड़ियों को लांघकर
अपने पूरक से मिलता है
वैसे ही अपने आपसे मिलने को
मैं तुमसे आ कर मिलती हूँ।

2.
जैसे तितलियाँ निकलती हैं
जैसे चिड़िया घोसलों से उड़ जाती हैं
जैसे नदिया पहाड़ों से
ग्लेशियरों से बह जाती है
जैसे शाम सुबह से मिलने को चलती है
यह सब अपने अस्तित्व की तलाश में
अपने घरों से चलते हैं
पृथ्वी के दूसरे छोर तक जाते हैं
कुछ क़ामयाब होते हैं
कुछ निराशा लेकर लौटते हैं
जो लौटे वे रात काट कर अगली सुबह फिर चलते हैं।

3.
अपनी खोज में निकलना
नाकाम कोशिश करना
अपने भय से लड़ना
रातों को जागना
ख़ुद की तलाश में
ख़ुद से भागना
और अंत में ख़ुद से ही मिल जाना
हर मुमकिन प्रयास करना
और नियति से लड़कर
ख़ुद को पाना
यही है जो जीवन को सार्थक करता है।

4.
जीवन को सार्थक करने को
ज़िंदगी के मायने ढूँढने को
मैं हर सुबह घर से निकलती हूँ
मैं ख़ुद की तलाश में तुमसे आ कर मिलती हूँ
क्योंकि तुम्हारा होना
मुझे पूरा करता है
तुम केवल प्रेम का पर्याय नहीं हो मेरे लिए
मेरे पूरक हो तुम।

गणित के पूरक कोण

तुम सिर्फ़ प्रेम का पर्याय नहीं हो
मेरे लिए
मेरे पूरक हो तुम

गणित में पढ़ा था
पूरक कोण
180 डिग्री को सीधी रेखा से दर्शाते हैं
इसे दो हिस्सों में बाँटा जाता है
अगर एक हिस्सा 70 डिग्री है
दूसरा स्वतः ही 110 डिग्री हो जाएगा

एक कम तो एक ज़्यादा
ऐसे ही जब मैं कम तुम ज़्यादा
जब तुम कम मैं ज़्यादा
लेकिन हमारा जोड़ हमेशा 180 डिग्री ही होगा
क्योंकि मेरे पूरक हो तुम।

इस बार ठहर जाना तुम

1.
हर लंबी रात गवाह है
कि दिन छोटे तभी होंगे
जब रातें लंबी होंगी
जितने पहर काटकर
दिन से रात में जा मिलेंगे
उतनी लंबी रातें होंगी

और लंबी रातों के बाद
गहरे काले बादलों के बाद
इतना खिला खिला दिन हुआ है
खिली खिली धूप हुई है
ये रातों की ख़ासियत है
कि वह दर्द पी गईं

टीसती आवाज़ें
बिलखती रूहें
कराहते लोग
सिसकती बेरंग बोझिल ज़िंदगी
रातों ने अपने साये में बटोर लिया सब
सुबह के हिस्से सिर्फ़ खुशियाँ आयी हैं
सुबह हमेशा उम्मीद देती है
रातों ने क्या खोया सुबह को नहीं पता।

2.

जैसे रात के बाद सुबह की उम्मीद है
जैसे दर्द के बाद राहत है
वैसे ही बिलकुल
शून्य के बाद शुरुआत है

एक शून्य होता व्यक्ति
एक शून्य होती स्त्री
दोनों में भेद है
स्त्रियाँ पहले मौन होती हैं
और आदमी पहले शून्य
आत्मीयता दोनों की स्थिर होना चाहती है
दोनों ठहर जाना चाहते हैं

आदमी, औरत
दिन, रात
चुप्पी, बात
एक ठहराव चाहते हैं
या तो ख़ुद ठहर जाना चाहते हैं
या कोई उनके लिए ठहर जाए
सब ये चाहते हैं
तुम्हें मिलकर मैंने ठहराव को जाना
यह जाना कि वास्तव में
निरंतर चलना तभी संभव है, जब
आपके अंदर ठहराव है।

3.

ठहरने की परिभाषा एक नहीं है
गाँव चाहते हैं
कि यहाँ से जाते हुए लोग
कुछ देर और ठहर जाए
पहाड़ चाहते हैं
कि नदियाँ ठहर जाए
नदियाँ चाहती हैं
प्यासा कोई उनके पास ठहर जाए
बाप चाहता है कि बेटा
कुछ दिन उसके पास और ठहर जाए
पेड़ चाहते हैं गिरती पत्तियाँ ठहर जाए
शाम चाहती है सूरज ठहर जाए
रात चाहती है चांद ठहर जाए
और जीवन चाहता है मृत्यु ठहर जाए।

4.

मेरी बस इतनी चाहत है
कुछ ठहरे या न ठहरें
मैं जब भी प्रेम पर कविताएँ लिखूँ
समय ठहर जाए
प्रकृति के नियम के विपरीत
जब भी कोई प्रेम में पड़े
उसका मन शांत हो जाए
उसे दुनिया ठहरी नज़र आए

मेरी कामना है प्रकृति से
जिस तरह नदियों में पानी ठहरा है
जिस तरह समंदर में लवणता है
मिट्टी में कार्बनिक पदार्थ हैं
जिस तरह तुम्हारे होने से मुझमें जीवन ठहरा है
मैं चाहती हूँ जब इस बार तुम मुझसे
मिलने आओ तो एक पहर और रात को रोक
मेरी स्थिर आँखों में झाँकना

जैसे तुम्हारे विरह में
मेरी आँखों में दरिया ठहरा है
वैसे ही
इस बार ठहर जाना तुम...

तुम

तुम कौन हो
कोई चित्रकार हो
या लेखक हो
या कवि हो
या भटके हुए मुसाफ़िर हो
या प्रेमी हो

तुम मेरी कविताओं में हो
मेरी कहानी में हो
मेरे क़िस्सों में हो
दुनिया के किस हिस्से में हो

तुम वो हो जो मुझे पढ़ता है
तुम वो भी हो जो मुझे सुनता है
तुम वो हो जिसे मेरी प्रतीक्षा है
तुम वो भी हो जो मुझे लिखता है
तुम वो भी हो जो फूट फूट कर रोता है

तुम हो जिसे कविताएँ पसंद हैं
जिसे चाय कॉफ़ी सब बनानी आती है
तुम वो हो जिसे रूठी प्रेमिका मनानी आती है
तुम वो हो जिसे पढ़ती हुई लड़कियाँ अच्छी लगती हैं
तुम वो हो जिसमें पुरुषत्व तो है पर स्त्रीत्व भी है

तुम वो हो जो यायावर है
जो घूमता है तो रुकता नहीं है
तुम कहाँ हो
तुम मेरी किसी कविता का सिरा हो
या मात्र मेरी कल्पना में हो!
तुम मेरे हृदय में हो!

मैं

मैं स्वयं को उस हर वस्तु में देखती हूँ जो पुरानी है
पुराने होने का अहसास चेतना से भरा लगता है

1990 के रेडियो में जब आकाशवाणी से कुछ प्रसारित होता है
तो बाबू जी की मुस्कुराहट छलक जाती है
उस मुस्कुराहट में, मैं हूँ

हर ख़्वाब में जाने क्यूँ नानी माँ का आँगन दिख जाता है
नीम के जामुन के पेड़ दिख जाते हैं
चूल्हे पर रोटी बनाती हुई अम्मा दिख जाती है
उस हर एहसास में मैं हूँ

बहुत ज़ोर देने और भी पुराने दिन नहीं भूलती
कोई डांट दे तो वो बात नहीं भूलती
जाने क्या सिखाया था बचपन में
मैं कभी ग़लत को सही नहीं मानती
सच में इस नहीं में मैं हूँ

बालकनी में लगे सदाबहार के फूलों को
बेला के फूलों को नारंगी के पौधे को
घर से बाहर आकार भी याद करती हूँ
बाहर के खाने में माँ का स्वाद ढूँढती हूँ
मैं हर छोटी बड़ी चीज़ में ख़ुद को ढूँढती हूँ

मैं अर्धरात्रि में कविता लिखती हुई हर लड़की में
ख़ुद को देखती हूँ
माँ जब गुनगुनाती है तो उसमें भी
थक हार कर सो जाती है उसमें भी
हमेशा खोयी रहती हूँ अपने हिस्से बटोरने में

मैं चिट्ठियाँ लिखती हूँ
जैसे पुराने लोग लिखते थे
ख़ुद को पुराने ज़माने में ढूँढती हूँ

मैं कहाँ हूँ
मैं तो ख़यालों में हूँ
या तुम्हारी आँखों में हूँ।

हम तुम

हम तुम एक सफ़र पर हैं
जिसका एक छोर मेरे मन में है
दूसरा तुम्हारे हृदय में है

हमारी यात्रा में हम अकेले हैं
ये हमारा भ्रम मात्र है
मेरी हृदय गति बस इसी विचार से तीव्र हो जाती है कि
यात्रा के अंत में हम एकसाथ होंगे
और एक दूसरे के माथे पर प्यार रख देंगे

हम तुम एक ही किताब में हैं
एक ही कविता में हैं
जिस पृष्ठ पर मैं हूँ
मुझे तुम्हारी हृदयगति सुनाई पड़ती है
तुम्हारे माथे की सिलवट साफ़ दिखती हैं

हम तुम आईने के इर्द गिर्द हैं या काँच के
तुम्हें देखती हूँ तो अपना प्रतिबिंब दिख जाता है
ख़ुद को देखती हूँ तो तुम मालूम पड़ते हो
मैं जानती हूँ
इस सफ़र के अंतिम पड़ाव पर
तुम मैं और मैं तुम हो जाएँगे।

तुम : एक कल्पना

तुम एक वो कल्पना हो जिसे
कविताओं में साकार किया जा सकता है

तुम भीड़ में छिपा वो चेहरा हो जिसे
आँख बंद कर के देखा जा सकता है

जब मन बेचैन होता है तो ये जो तुम है ना
कल्पना वाला तुम ये सुकून देता है

नम आँखों को उम्मीद से भर देता है

ये जो तुम का तमगा है ना
यूँ एक दिन में नहीं मिला तुमको
इसे मिलने में सालों लग गये
और ये तुम कोई तमगा है भी नहीं
ये तो झुठलाया हुआ सच है

कुछ कहना होगा तो तुमसे कह दिया जाएगा
और तुमको सुनाई भी नहीं आएगा

कुछ दुनिया से छिपाना होगा तो
तुम्हारे पास ही छिपाया जाएगा

इतना राज़दार होना कोई भी झेल नहीं पाएगा
जब कोई नहीं समझेगा तो ये जो तुम है ना ये सब समझ लेगा
कोई नहीं सुनेगा तो ये सुन लेगा

कुछ नहीं बचेगा कहीं तो ये तुम रह जाएगा
ये तुम एक उम्मीद है
और ये मैं एक छोर हूँ

एक छोर पर जाकर सबकी उम्मीद पूरी होगी
एक छोर पर उम्मीद मिलेगी
ये उम्मीद है कि उस छोर पर सब अच्छा होगा
ये उम्मीद है एक रोज़ मंज़िल मिलेगी

हर कल्पना सच होने की
एक अनकही अधूरी सी कविता...

मैं : एक लम्हा

मैं यथार्थ में क़ैद एक लम्हा हूँ
जिसे जीया जा चुका है
लेकिन ये लम्हा बहता नहीं है
इसे अभी और जीया जाएगा

इस लम्हे की बुनियाद में
मुग़लों से चुराकर लाल पत्थर लगाया गया है
इसकी दीवारों पर
पिएत्रा ड्यूरा (Pietra Dura) की रंगीन कलाकारी है
इसके दरवाज़े मेहराब जैसे ऊँचे हैं

इस लम्हे को पीछे छोड़ कर
आगे बढ़ना संभव तो है
पर असंभव जितना ही मुश्किल भी है

इसके दालान में बोगनबिलिया के गुलाबी फूल हैं
मधुमती की ढेरों हैज हैं
और दूब की घास है मीलों तक
जिसे जीने के लिए ना पानी चाहिए, ना खाद, ना देखभाल

इस लम्हे में एक तहख़ाना है
तहख़ाने में यादें भरी पड़ी हैं
यादों के बोझ से भूले बिसरे कुछ एहसास दम तोड़ रहे हैं

ताले पर बेहिसाब ज़ंग लगी है
जिसकी बस एक चाबी है

जिसके पास चाबी है
ताला खोल ले
इस क़ैद लम्हे को जब चाहे तब जी ले

मैं यथार्थ में क़ैद एक लम्हा हूँ
जिसे जीया जा चुका है।

मानचित्र

दुनिया में कुछ जगह ऐसी हैं
जो मानचित्र से निकल कर
मेरे हृदय में घर बना चुकी हैं

इन जगहों का नक़्शा
छप चुका है मेरे हृदय के चारों कमरों में

ये दुनिया की वो जगह हैं
जहाँ प्रेम पनपा
जहाँ हथेलियों का गुनगुनापन समझ आया
और जहाँ जाना अब कभी मुमकिन ना हो सकेगा

इन जगहों पर सिर्फ़ वे जाएँगे
जिनके हृदय में अभी कोई मानचित्र नहीं छपा
जिनकी हथेलियाँ अभी ठण्डी पड़ी हैं।

नींद का सौदा

रातों में लिखी कविताओं ने
प्रेमियों की नींदों का सौदा कर लिया है
या तो अब नींद ही आयेगी
या फिर कविता

जी मचलता है कि
जाने दिया जाए
जो भी ख़्याल है
उसे आकार सुबह दिया जाए

फिर करवटों का सिलसिला
प्यास का सिलसिला
उधेड़बुन ये कि लिखूँ या नहीं
और एक डर कि
कविता सुबह तक ज़हन में
बचेगी भी या नहीं

फिर जीत गये शब्द
हार गई नींद
अब नींद आने तक
उँगलियाँ रुकेंगी नहीं
कविता लिखी जाए या नहीं
पर ख़्याल लिख दिया

एक छोटे से ख़्याल ने
रात भर की नींद का मोल कर लिया
नींद को सुकून है कि वो चाहे पूरी ना हुई
कविता तो अधूरी नहीं रही।

हम नफ़स

1.

अपने हाथों की लकीरों में
या माथे की लकीरों में
नहीं पाओगे मुझे
मैं मिलूँगी तुम्हें
तुम्हारी पीठ के निशानों में
अलसाई दोपहर की तरह
पसरी हुई
अपनी उंगली की पोरों से
तुम्हारी पीठ पर अपना नाम लिखती हुई।

2.

अपने बंदे दरीचे से झाँकते फूलों में
उन फूलों पर मंडराती तितलियों में
नहीं पाओगे मुझे

गैं गिलूँगी तुम्हें
तुम्हारी बरसों से धूल में लिपटी डायरी में
एक छोर से दूसरे छोर का सफ़र तय करते हुए
हर पन्ने पर हमारी मोहब्बत के निशान छोड़ते हुए।

3.
किताबों में छुपे सूखे गुलाबों में
इत्र की शीशी से छलकती ख़ुशबू में
नहीं पाओगे मुझे

मैं मिलूँगी तुम्हें
तुम्हारी कमीज़ की बाईं बाज़ू में
तुम्हारे सीने पर लेटी हुई महसूस होंगी तुम्हें
और जब तुम्हारी धड़कनें मेरा नाम नहीं लेंगी
उन्हें फटकारते हुए।

4.
और आख़िर में जब तुम ढूंढोगे मुझे
कविताओं में
किताबों में
तुम्हारी महक में
या तुम्हारे चेहरे पर टिकी पानी की एक बूँद में
तो नहीं मिलूँगी

मैं मिलूँगी तुम्हें
बिस्तर पर सिमटी पड़ी सिलवटों में
तुमसे छुपती हुई
तुम्हारी नींद में ख़लल डालती हुई
तुम्हारे कान में गुनगुनाती हुई

मेरे हम नफ़स
मैं मिलूँगी तुम्हें...

राज़दार

मैं जब भी कोई चिट्ठी लिखती हूँ
उसमें अपना अंश छोड़ देती हूँ
और तब तक अधूरी फिरती हूँ
जब तक उस चिट्ठी में तुम अपना अंश न जोड़ दो

जब जब तुम चिट्ठी पढ़ते हो
या मुझे सोचते हो
मैं पूरी होने लगती हूँ

ये चिट्ठी मैंने कभी किसी पन्ने पर ही लिखी
ज़रूरी नहीं
कुछ चिट्ठियाँ मैंने अपनी उंगलियों से
तुम्हारी हथेली पर लिखी हैं
और कुछ अपने होठों से
तुम्हारी पीठ पर
मेरी बेनाम चिट्ठियों के राज़दार हो तुम।

कविता का अभिप्राय

एक रोज़ मुझसे पूछा गया
कि कविता क्या है

मेरा मानना है कि
कठिन परिस्थिति में कही गई
वो बातें जो आपको और दूसरों को सरल कर दें
वे सब कविताएँ हैं

इस तरह जीवन के किसी न किसी मोड़ पर
हम सबकी कितनी ही कविताएँ बुनते हैं
और भूल जाते हैं

सबसे सुनहरी कविताएँ तो कभी लिखी ही नहीं गईं
हमारे तुम्हारे अंतर्द्वंद में या तो हमारे ही भीतर जम गईं
या छू हो गई हवाओं की तरह।

क्या कुछ भी बचाया जा सकता है?

अपनों का हाथ छूटते हुए
सिर्फ़ रिश्ते नहीं छूटते

छूटता है पुराना वक़्त
पुरानी ख़ूबसूरत यादें

पेड़ से अलग तो पत्ते होते हैं
तब भी सूखते दोनों ही हैं

न तो सूखा पेड़ ही अच्छा लगता है
न बिखरे हुए सूखे पत्ते

सवाल यह है कि,
क्या छूटने की इस प्रक्रिया में कुछ भी बचाया जा सकता है?

क़ायदा

हम सब इस बात में उलझे हैं
कि क़ायदा क्या कहता है
और मैं कहती हूँ
कि क़ायदे तो बनाएँ ही जाते हैं
हमारी सहूलियत के लिए

अगर कोई क़ायदा सहूलियत ही छीन ले
तो उसके होने का
या उसे मानने का कोई भी मतलब नहीं।

एक ख़्याल

इन दिनों न जाने क्या बात है
क्या उलझन है
जाने मैं कहाँ हूँ
और कहाँ जाने की फ़िराक़ में हूँ

कुछ है जो अनकहा है
जिसे लिखा नहीं गया है
कहा नहीं गया है
कुछ है दबा दबा सा
मन में घुटा घुटा सा
जो पहाड़ हो चुका है

अब या तो बिखरकर रेत हो जाएगा
या फिर सदियों तक यूँ ही पहाड़ रहेगा
कोई नहीं जानता कि मन पहाड़ क्यों हो जाता है।

प्रकृति सब लौटा देती हैं

1.

एक रोज़ शिकायतें करते हुए
एहसास हुआ कि
शिकायतें सुनने वालों से की जाती हैं
उनसे नहीं जो बहरे हैं
इन्सान बहरा है
लेकिन प्रकृति नहीं

प्रकृति सब सुनती है
और प्रकृति सब लौटा देती है,
सब!
प्रेम, क्रोध, पीड़ा, सुख
मनुष्य सब रख लेता है लौटाता नहीं।

2.

जब जब नदियों में उफान लिया
उन्हें रोकने की क्षमता किसी में नहीं थी

जब जब बदल फटे
सब बहा ले गए

जब कभी सुनामी आयी
तबाही आयी

जब कभी भूकंप आया
लाखों को निगल गया

सब प्रलय के आगे मूक हो गए
क्योंकि प्रलय की वजह प्रकृति नहीं
कहीं न कहीं हम सब हैं
सालों से किए गए हमारे कृत्य हैं
मैंने कहा था न
प्रकृति सब लौटा देती है।

अपनी सुनो

सूरज जैसे निकले और ढलने से पहले
किसी से नहीं पूछता

नदियाँ जैसे ग्लेशियर से चलने से पहले
समंदर में मिलने से पहले
किसी से नहीं पूछती

जैसे चिड़िया घोंसला बनाने से पहले
दाना चुनने से पहले
किसी से नहीं पूछती

वैसे तुम भी किसी से नहीं पूछना
ख़ुश रहने के लिए
जीने के लिए

प्रकृति हमेशा अपनी सुनती है
और यही सिखाती है कि तुम भी अपने सुनो।

प्रकृति से सीखा प्रेम

मैंने हमेशा प्रेम किया
बिना ये इच्छा रखे
कि
प्रेम एक रोज़ मुझ तक वापस आएगा
क्या ये प्रेम है?
क्या ये जायज़ है?

पेड़ भी तो कभी फल के बदले कुछ नहीं चाहते
फूल भी तो कभी ख़ुशबू के बदले कुछ नहीं चाहते

धरती, आसमान, सूरज, नदी,
पहाड़, समंदर, हवा, पानी
कोई कुछ नहीं माँगता
सब देना जानते हैं

प्रकृति से ये सीख लेना
कि असल में प्रेम क्या है
और प्रेम के कितने स्वरूप हैं
यही जीवन की सबसे बड़ी नेमत है।

कल्पना

मैं एक कल्पना में हूँ
मैं दुनिया में सबसे ज़्यादा ख़ुश हूँ
मैंने वक़्त को मुट्ठी में जकड़ लिया है
और प्रेम को बाहों में भर लिया है
ये जीवन के सबसे ख़ूबसूरत दिन हैं
तुम इन दिनों मेरे सबसे क़रीब हो
ये मेरे जीवन का बसंत है
मेरे सपने सच हो रहे हैं

सहसा मैं काल्पनिक दुनिया से बाहर आ गई
कल्पना करना कितना सुखद है
कल्पनाओं में जीवन जीवन लगता है
अब मैं कविता भी कल्पना में करती हूँ
या फिर काल्पनिक कविता लिखती हूँ।

क्या चाहिए प्रेम में

प्रियतम से
प्रेम में
प्रेमिका को
सिवाय प्रेम के
कुछ और नहीं चाहिए

उस प्रेम के स्वरूप में उसे चाहिए
शामें
जो साथ में व्यतीत हों
सुबह
दोपहर
रात
कुल मिलाकर
तुम्हारा समय चाहिए

महंगे क़ीमती तोहफ़े की चाह नहीं है
उसे चाहिए प्रेम पत्र
रंग बिरंगे फूल
और तुम्हारे चेहरे पर अटूट मुस्कराहट

और चाहिए कुछ वादे
समय के अंत तक साथ चलने के लिए
हृदय में अपने लिए असीमित स्थान
और तुम्हारे साथ नई यादें।

कितना मुश्किल है

कितना मुश्किल है
विदा लेना
और
कभी न लौटना

उतना मुश्किल
जितना
ग़लत सहना
और
चुप रहना

या
ग़लत का साथ देना
फिर
ख़ुद ग़लत हो जाना

कितना मुश्किल है
निर्मम हो जाना
सब देखना
कुछ न कहना

उतना मुश्किल
जितना
मूक बधिर होना
या
जितना
कोशिश ही न करना।

स्वयं तक पहुँचना

तुमसे भागते हुए
मैं तुम्हीं तक पहुँच जाती हूँ
मैं यक़ीनन नहीं जानती
कब मेरे कदम तुम्हारी ओर चल पड़ते हैं

क्या ये जानकर
मुझे ख़ुद से मिलने के लिए
ख़ुद से भी भागना होगा!

क्या मैं स्वयं तक पहुँच पाऊँगी

क्या ये ख़ुद से भागने वाले
स्वयं तक पहुँच पाते हैं!

कविताओं का खोना सामान्य नहीं

सबसे अधिक कविताएँ
मैंने प्रेम में होते हुए खोईं
क्योंकि तुम्हारे प्रेम ने
मुझे इतनी फ़ुरसत ही नहीं दी
कि मैं कविताएँ लिखूँ

वो तमाम कविताएँ
जो प्रेम में मेरे ज़हन में आईं
सब प्रेम में समाहित हो गई
उनका अस्तित्व ऐसे समाप्त हुआ

उससे भी अधिक कविताएँ
मैंने वियोग के समय खोईं
तुम्हारी अनुपस्थिति ने मुझे इतना ख़ाली कर दिया
कि मेरी कविताएँ अपने आप शांत हो गई

कुल मिलाकर तुम्हारी उपस्थिति
और अनुपस्थिति दोनों ही रूप में
मुझसे कविताएँ खो गई

मेरे लिए कविताओं का खोना सामान्य नहीं है
ये स्वयं को खोने जैसा है
चाहे प्रेम में चाहे वियोग में।

क्या तुम घर लौट सकते हो?

तुम्हारा चले जाना
किसी त्रासदी से कम नहीं है
सूर्य अब सर चढ़ता है
तो अब न सुबह सुबह होती है
न तुम बिन अलसाई दोपहर होती है
सीधा शाम वीरान होती है
रात गहराती है

एक एक सदी की शाम
एक एक सदी की रात
शाम में इंतज़ार रहता है
रातों को सन्नाटा रहता है
यह दिल तुम बिन बयाबान रहता है

मेरी आँखें तुम्हारे इंतज़ार में
खुली दिखती हैं
आँखों से ज़्यादा अब केल घेरे दिखते हैं
ये केल घेरे खाई जितने गहरे हैं
खाई में आँसू गिरते रहते हैं
ये त्रासदी है फिर भी हम सूख रहे हैं
मैं, मेरी आँखें, मेरा मन
हम सब उजड़ रहे हैं

सूखकर रेगिस्तान हो गए हैं
एकदम बीहड़
कविताएँ दम तोड़ रही हैं
मुझे पूछना है तुमसे
क्या तुम कविताएँ लिखते हो
कविताएँ मुझे जीवित रख लेंगी
क्या तुम अपनी कविताएँ मुझे दे सकते हो
क्या तुम घर लौट सकते हो?

हमें तुम्हारी ज़रूरत है

जब कोई पेड़ सूखता है
तो यूँ ही नहीं सूख जाता
पानी के अभाव में किलसता है
प्यार भरी छुअन को तरसता है
फिर धीरे धीरे इंतज़ार में सूखता है

ऐसे किसी नदी के अभाव में
ज़मीं सूखी है
पहाड़ सूखे हैं
खेत सूखे हैं
फ़सल सूखी है

वैसे ही तुम्हारे प्रेम के अभाव में
तुम्हारे स्पर्श के अभाव में
पहले सूखेगा हृदय
फिर मांसपेशियाँ
फिर रक्त भी जम जाएगा
अंत में शरीर भी सूख जाएगा

हम सबके सूखने से पहले
तुम्हें समझना होगा
कि हमें तुम्हारी ज़रूरत है।

22 सितम्बर

मैं बेनाम चिट्ठियाँ क्यूं लिखती हूं !!

मुझे मालूम है कि हम सबको उन शब्दों की ज़रूरत होती है जिन्हें जोड़ कर हम अपनी बात कह सकें पर हमेशा वो शब्द हमें मिलते नहीं,

वैसे ही ज़िंदगी में ऐसे लोगों की भी ज़रूरत होती है जो हमें जोड़ने का काम करते हैं पर ये भी ज़रूरी नहीं कि आसानी से ऐसे लोग मिल जाएं,

मुझे लगता है हमें शब्दों और लोगों के अलावा चिट्ठियों की भी ज़रूरत होती है पर हमें चिट्ठी मिले ये भी कहाँ ज़रूरी है,

खैर मुझे समय पर तो चिट्ठियाँ नहीं मिलीं पर मैं वो चिट्ठियाँ तुम्हारे लिए ज़रूर लिखूंगी, क्यूंकि मुझे ये पता है तुम्हें मेरी चिट्ठियों की ज़रूरत पड़ सकती है।

तभी तो मैं लिखती हूं बेनाम चिट्ठियाँ ♡

@purnaspreadinglove

22/09/2023.

V.

17 may

मैं ये तो नहीं जानती कि जब लिखने से
भागूंगी तो कहाँ जाऊंगी, न ये जानती कि
अगर लिखती नहीं तो क्या करती
लेकिन ये जानती हूं जो नहीं लिखते या
लिखने से भागते हैं वो बहुत कुछ खो देते हैं
जब मैंने लिखना शुरू किया था तब मुझे नहीं
मालूम था कि कैसे लिखना है क्या लिखना है
बहुत ज़्यादा तो आज भी नहीं पता बस
इतना पता है कि बस लिखना है
क्या, कब, क्यूं, कैसे इन सवालों के जवाब
मुझे नहीं ढूंढने
लिखते हुए मैंने अपने आप को सबसे अधिक
संवेदना से भरा पाया है, जब मैं लिख रही होती
हूं, या तो अंदर बहुत शांत होती हूं या शोर
से घिरी हुई
मेरी सारी संवेदनाएं तो कविता नहीं बनती न ही मैं
इतना लिख पाती जितना महसूस करती हूं, लेकिन
कहीं न कहीं मेरी कोशिश रहती है कि जब भी
कोई मेरा लिखा पढ़े उसे वो लेख अपना सा
लगे। ♡

@purnaspreadinglove

17 may 2023.

एक सितम्बर
एक और बेनाम चिट्ठी

सुनो मेरी जां !

ज़िंदगी बिल्कुल वैसी है जैसी तुम देखोगे, अच्छी तो अच्छी, ख़राब तो खराब, खूबसूरत तो खूबसूरत, बेदर्द तो बेदर्द, ये तुम पर निर्भर करता है तुम्हें कैसा देखना है।

और सुनो जितने सवालों के जवाब लापता हैं न उन्हें मंजिल तुम्हारे ही अंदर मिलेगी, तुम ख़ूब जानते हो, हाँ बस अनजान होकर बार-बार उन्ही सवालों में घिरे रहना है तो बात अलग है।

देखो ऐसा है कि ग़लत हमेशा वक़्त और हालात ही होते हैं, तुम्हें क्या लगता है कि इंसान ग़लत होते हैं? नहीं हमेशा से नहीं!

और दोष देना ना बड़ा आसान है, कोई भी किसी को भी दे सकता है और Victim बना सकता है लेकिन मेरा मानना है कि दोष देने से भी सरल कुछ होता है और वो है मनन करना और हाँ मनन सिर्फ़ उतना जितना सेहत पर असर न करे।

और मुझे ख़बर है कि जैसी दोस्ती मेरी ज़िंदगी से है वैसी ही तुम्हारी भी हो जाएगी, तुम कोशिश करना ये हाथ पकड़ कर तुम्हें रास्ते दिखाएगी! और फिर तुम्हें ये ज़िंदगी बोझिल नहीं लगेगी, दिलचस्प और ख़ूबसूरत लगेगी!

@purnaspreadinglove
1 sept 2023

1 अक्तूबर 24

शायद आप सब ये नहीं जानते पर चिट्ठियों से या कविताओं से मेरा दिल कभी नहीं भरता, मैं बेवजह बेवक्त और बेनाम चिट्ठियाँ लिखती हूँ, ताकि जब भी कोई चिट्ठियाँ पढ़ी जाए तो उसे ये लगे कि ये उसी के लिए है, और ऐसे ही कविताएँ हैं जो भी पढ़े उसे लगे ये उसी की कविता है।

ये मेरी बस एक कोशिश है कि मैं आप सब से जुड़ सकूं और जब कभी हम मिलें तो लगे कि हाँ हमारा तो चिट्ठियों का रिश्ता है! कविताओं का रिश्ता है।

ये तो नहीं पता मेरा लिखना आपको सरल महसूस करा पाएगा, ये ज़रूर जानती हूँ कि जब चिट्ठी पढ़ लोगे तो अकेला महसूस नहीं करोगे।

अक्तूबर का पहला दिन है, न धूप है, न हवा, न शोर है बस मैं हूँ इस उम्मीद से भरी कि जब आप ये पढ़ रहे होंगे तो जान पाओगे कि यूं अनायास चिट्ठियाँ लिखना भी कितना अजीब है पर अच्छा है। अब क्या? चलो! उठो! एक चिट्ठियों की शृंखला बनाओ उन सबको भेजो जो वाकई तुम्हारे अपने हैं।

और एक चिट्ठी मेरे लिए भी लिखना इन्तज़ार रहेगा ☺

Purna
ख्याल रखना।

listen attentively to the world write your own life

तुम्हारे लिए

मैं हमेशा यही कहती हूँ कि मेरे पास तुम्हें देने के लिए सिवाय मेरी कविताओं के और कुछ भी नहीं है।

मुझे उम्मीद है कि कविताएँ दुनिया को देखने का हमारा नज़रिया बदल देंगी और इस दुनिया को बेहतर करेंगी। इसी के साथ ये भी कि दुनिया के किसी भी कोने में तुम असहज हो तो कविताएँ तुम्हें सजीव व सहज रखेंगी।

मुझे नहीं मालूम कि मेरी कविताओं ने तुम्हें भीतर तक छुआ या नहीं, या तुमने ये किताब पढ़ी भी है अभी तक या नहीं, पर अगर फिर भी तुम ये चिट्ठी पढ़ पा रहे हो, तुम सहज हो। यदि तुम मेरी कविताएँ पढ़ रहे हो तो तुम मुझसे जुड़ चुके हो, तुम शायद नहीं जानते पर हम सब एक ही डोर से बंधे हैं और हमारी मज़बूत पकड़ हमें जोड़े रखेगी।

हमारी कोशिशें ही तो हैं जो हमें जीवित व दूसरों से भिन्न बनाती हैं, मुझे मालूम है तुम हर रोज़ खुद को बेहतर बनाने की कोशिश में लगे हो और मेरी कोशिश ये है कि अपनी कविताओं के ज़रिये मैं तुम्हें बता सकूं कि इस भीड़ में तुम अकेले नहीं हो।

और आखिर में,
तुम्हारा कविताएँ पढ़ने का साहस ही मेरा कविताएँ लिखने की प्रेरणा है।
मैं नहीं जानती जीवन कहाँ ले जाएगा हमें पर कविताओं की डोर हमें जोड़े रखेगी। मैं तुम्हारे लिए चिट्ठियाँ व कविताएँ लिखती रहूँगी। और मैं 'आप' की जगह 'तुम' कह कर सम्बोधित कर रही हूँ क्यूंकि इस शब्द 'तुम' मे मुझे अधिक प्रेम लगता है।

अगर मेरी कविताएँ तुम तक पहुंच चुकी हैं तो तुम भी चिट्ठियाँ लिखना और मुझे आगे लिखने की प्रेरणा देना।

तुम्हारी चिट्ठियों के इंतज़ार में

Purna
एक अक्तूबर 24